放送大学叢書020

学びの心理学　授業をデザインする

学びの心理学　授業をデザインする　目次

はじめに　4
第一章　学びのシステムとしての授業　8
第二章　授業研究は、いま　34
第三章　教室における対話　58
第四章　教材からのたしかな学習　94
第五章　協働で学びあう関係づくり　135
第六章　教師の実践的知識と即興的判断　160
第七章　校内研修と学校文化　187
第八章　教師の生涯発達と授業づくり　220
参考文献　241

はじめに

人生で最も伸び盛りの児童期や青年期の大半の時間を、子どもたちは学校という制度的な場で過ごす。その中で最も長い時間が授業である。だからこそ、どの子どもたちにとっても、授業は、仲間や教師と共に新たな世界と出会い、他者と対話する時間であり、新たな自分の可能性を見出し、自己を形づくる時間であってほしい。学校教育に関わる者なら、誰もがそう願っているのではないだろうか。

教師は、授業が子どもたちにとって意味ある内容となるように、学びの質をよりよくするべく知恵を絞り、教育の専門家として、多忙な日々の中でも子どもたちに心を砕き、向き合っている。それは、教師批判や学校批判報道がどんなに多くなされたとしても、私が出会ってきた日本の多くの教室で経験してきた事実である。

しかし、熱意をもった授業であったとしても、子どもの目から見ると、味気ない学習内容に興味や関心を持てなかったり、どうでもよいと他人事のように感じて学びをあきらめたり、教師や仲間のまなざしを避けたいと感じることもあるだろう。ときには、教室の中でのなにげない一言が、その子の将来への希望を断ち切ったり、傷つけたりすることも多々あるだろう。だが一方では、教師や仲間からのさりげない一言で次の挑戦へと向きあうよう勇気づけられたり、学びの魅力に目を開かれ夢中になったり、他者と共に学ぶことの面白さや楽しさを感じる時間になったりもするだろう。

学びは知的な営みであると同時に、対人的そして実存的な営みである。私自身の小中高校時代を振り返っても、傷ついた経験もあれば勇気づけられた経験もある。卒業して何十年も経った今でも、その出来事は記憶として残っている。授業は授業時間だけのものではなく、その後いつまでもその人の心の中に刻み込まれるのである。だからこそ、教師や学校には学びの質を引き受けていく責任がある。

私は学校での授業参観や校内研修に二十五年以上関わり、数多くの学校の教室を訪問してきた。一つ一つの教室が醸し出す雰囲気はそれぞれ全く違い、二つと同じことはない。しかし、魅力的な授業には小学校、中学校、高等学校という学校種を超えて、また地域や教科も超えて、共通した雰囲気と学びの原理が生きている。それはどの子どもも居心地がよく安心していられると感じられる教室、そしてさらに子どもたちが深く学べていると感じられる教室であることだ。本書ではそれが可能である条件を具体的に見てゆきたい。

学校づくりの中核に、授業における子どもの育ちと学びの探究としての授業研究が行われている。教師自身が学んでいる学校では、教師皆が直接的間接的に子どもたちを支えることになり、豊かな学びが生れる。これは国際的にも学びの標準の原理であるといっていい。この「レッスン・スタディ（授業研究）」は日本から輸出され、現在では世界の教師が、先生同士で教室を開き、相互に学びあう場を創り出し、研鑽を積む動きが広がっている。

教室での学びの原理は、一言でいえないほど複雑なものである。それは教育に関わる諸学問の様々な原理とつながっている。私は教育心理学や学校教育学、学習科学という学問の窓から、授業をより深く学ぶために研究をしてきた。そして授業を見る視座を、その学問と、熟達した先輩の教師と、またその学校を訪れて助言する先輩研究者から学んできた。そこで授業についてどのように捉えていくことが、より質の高い学びを生む手立てになるのか、最近のこれらの学問の動向を踏まえつつ考えたいと思った。

本書は、この学術的視点と実践の視点の交差点に立って、授業のデザインという点から、子どもたちの学びと共に教師が学ぶことについて考えることを目的としている。

そのために放送大学印刷教材『改訂版　授業研究と談話分析』をもとにして、学校教育に関わる方や保護者の方にも読んでいただけるよう、構成全体に大幅な書き下ろしも含めた加除を加えてよりわかりやすく再構成したものである。放送大学では担当者の変更などの関係から『授業研究と談話分析』『改訂版　授業研究と談話分析』の二冊が出され、さらに内容も担当も変えて『授業研究と学習過程』という本が出されている。いずれも教師だけではなく一般の受講生の方に、教養として学校に関わる心理学を学んでいただくテキストとして共同分担執筆で作成された。それに対して本書は、最近の授業研究の動向を踏まえて、筆者自身の価値観や思いをより前面に出して単著として書き直したものである。授業を見たりデザインするときの一助になれば幸いである。

本書の編集にあたっては、左右社の小柳学氏、東辻浩太郎氏のお二人に大変お世話になった。この点を心より感謝し御礼を申し上げたい。

平成二十四年八月　　秋田喜代美

◉第一章

学びのシステムとしての授業

一　未来志向の教育のアポリア

格差・落差・段差の中で

学校教育は、未来志向の教育である。

それは社会によって実施されているフォーマルな教育であることに表れている。インフォーマルな学習は、意欲をもって学びたい者がそれぞれの学習の必要性にもとづき、自ら学び、学習者個人の目的を達成することに力点が置かれるが、それとは異なる。公教育としてのフォーマルな学びの場では、すべての子どもたちが、市民として必要な基本的知識や技能、道徳性や倫理観、その社会の文化的教養と資質を習得すること、卒業後もいつでもどこでも課題解決に使える知識や技能を育て、自らの進路やキャリアを見出して自己のアイデンティティを形成していくことが求められる。

このために、子どもたちの日常生活の具体的文脈とはすぐには直結しないように見える内容や、抽象性の高い概念、一般的な原理を学ぶことが求められる。すなわち学問の体系にもとづき教科固有の言語や記号を介して教科リテラシーや独自の思考様式を学び、個々人が独力で保持できる知識の習得を重視する。これは効率的で効果的な教育をめざす近代の学校教育の強みであった。

しかしそのあり方は一方で、子どもたちが前の学年の自分の学習とのつながりを確かめながら学ぶことよりも、また生徒一人ひとりの固有性や発想という著者性を生かして他者とともにつながって学び合うことよりも、学びの場における疎外感や孤立感を生み出しやすい状況をもたらしてきた。図1‐1はOECD（国際経済協力機構）が実施した十五歳生徒の学校への「参加度（授業への出席率、参加率）」と「帰属意識（学校・学級への居心地の良さや孤独感）」の調査結果（二〇〇四年）である。この図をみると、日本、韓国、中国という東アジアの子どもたちが共通して、物理的に学校には出席しているが、学級や学校への帰属意識は他の国に比べて低い状況にあることがわかる。

子どもたちが自ら学びの物語の主人公として、見通しを持って教室という場を生きていのではなく、クラス集団の中のひとりとして匿名性に埋没しているのである。授業は短期的な外的基準により細分化された評価基準で学習の達成が捉えられることに力点が置かれる。このような授業では学びの中で生じる学習者の感情や意欲、学び手としての実存的あり方は捨象される。

この状況は、家庭や地域による経済的な「格差」、学級内での学力の相違による「落差」、また学校種間での「段差」という、三つの「差」を拡大していく。TIMSS（国際数学・理解教育動向調査2003、2007）

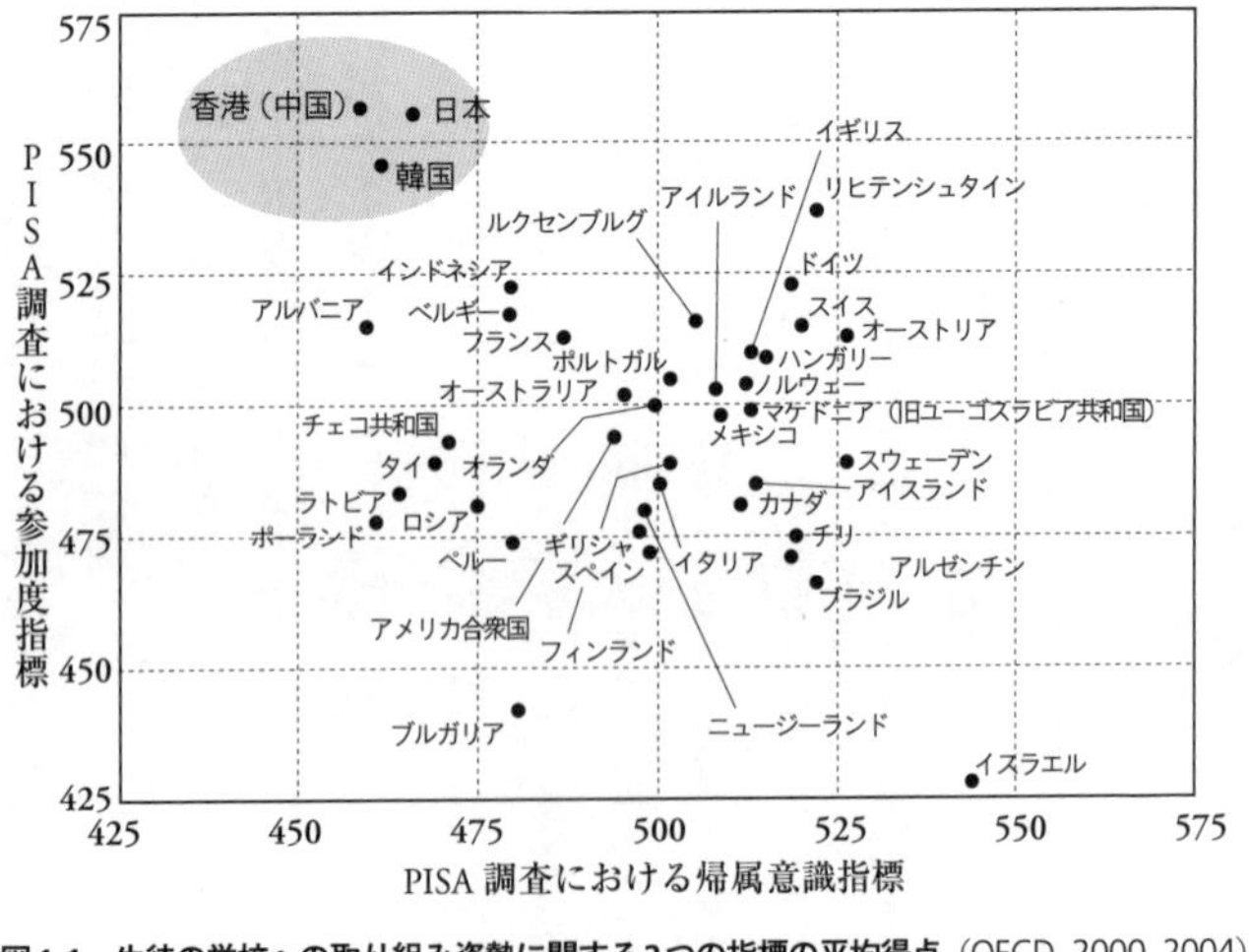

図1-1　生徒の学校への取り組み姿勢に関する2つの指標の平均得点（OECD, 2000, 2004）

やＰＩＳＡ（ＯＥＣＤ学習到達度調査２０００、２００３、２００６、２００９）などの国際学力調査や教育課程実態調査が示しているように、いまや学力・学習意欲は低下し、学力下位層も上位層もともに伸びなやみつつある中で学力格差の増大が生じている。現在では国際的に、学力向上のために幼児期からの公教育投資の必要性が指摘され、各国が取り組み始めている。人生初期での家庭や地域の経済格差が雪だるま式に大きくなっているからこそ、学習に関する段差を埋めるための幼児期からの初等教育初期の政策が必要となっているのである。

また初等教育の質は、学力だけではなく、就職後の賃金や健康、社会生活にまで影響を与えることが、教育経済学の分野では実証的に明らかにされてきている。学力としての教科の知識やリテラシーだけではなく、集中して物事に取り組む力、環境に適応していくしなやかさ（可塑性）や、他者とうまく折り合いをつけていく議論や交渉の力を集団で仲間と共に学ぶ公教育を初等段階に保障し、それらの力を身に付けることが、いわゆる教科知識にとどまらず、大人になってからの幸せな市民生活や職業生活を保障することが、英国や米国をはじめとする教育の質に関する二十年以上にわたる長期縦断研究から明らかにされている。他者と共に学ぶ学び方を初等教育初期に身につけることで、学校間段差を乗り越えていく力の育成ができるのである。

一方では、米国の教育心理学者ロバート・ピアンタが図1－2に示すように、米国全土を見ると、小学校隣接幼稚園から小学校三年生までの学校教育最初の時期の授業では、子どもたち一人ひとりへの情緒的サポートや学級経営は大事にされるのに、子どもから見て学問の面白さを知り挑戦したいと意欲を持つきっかけとなる教授学習内容の質を保証する授業は十分になされていないという報告もある。進学後の学校種間での段差を考えた時に、学校教育初期の教育内容の質向上の問題も、国際的に共通な課題である。

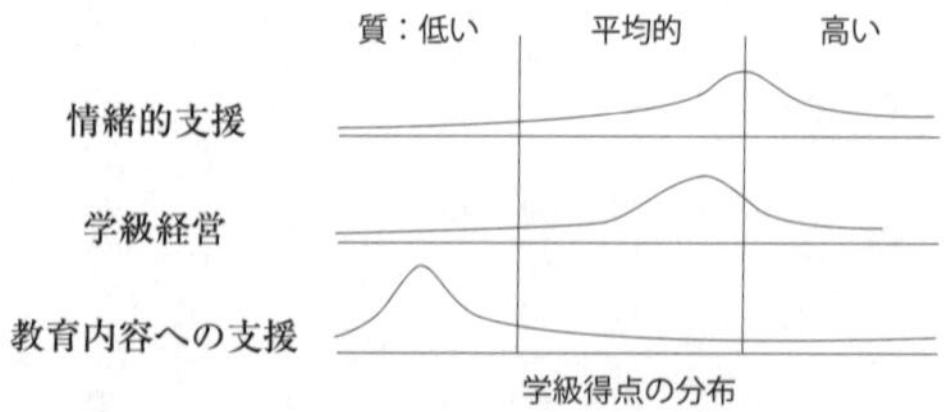

図1-2　教師と子どもの授業でのやり取りに見る教育の質（Pianta,2010）

三つのつながりの保障

過去の文化的知識としての学問の世界や現代社会の課題とのつながり、共に学びあう学び手同士のつながり、過去現在これからを生きる自己の学びの道筋のつながり。この三つのつながりをすべての子どもたちが作れるよう保障しなければならない。しかも、いつでもどこでも安定して使える知識や技能としてそれらを効果的効率的に習得できる授業を行う必要がある。しかしこの両立は、学校教育のアポリア（難問）である。この難問に挑むには、次のような学習のあり方が必要であろう。

子どもたちそれぞれが自分の学びを振り返りつつ、次への見通しをもって学びの履歴としてのカリキュラムを形成し、学び手としての「私」の〝自分づくり〟を保障できること。学問の奥行きや現実の社会の課題の複雑さに迫ることで、手ごたえや興味が生まれる本質的な学習内容の探究、学びあうことで学習者である「私たち」の関係の絆が深まる〝授業づくり〟。そしてそれらを特定の時間や学級だけで行うのではなく、学校あるいは学校を超えて教師や教育委員会が専門家として保護者と共に地域で連携してつくり出していく〝学校づくり〟。

それら三層が同じ方向を志向し、システムとして体系的に機能し、適切な振り返りによってデザインを変革し続けていくことによって難問解決が可能となるのではないだろうか。そのすべての鍵は授業のあり方にある。

信頼を生み出す学校へのシナリオ

授業が今後どのように変わっていくのかは、長期的視点に立ってみると、社会からどのような機能が学校に期待され、いかなる教育政策が目ざされるかによって左右されるだろう。OECDは学校教育が将来どのように進展するかについて、表1-1のように未来の学校教育へのシナリオを六つの見取り図として出している（二〇〇二）。

「現状改良シナリオ」のシナリオ1は、学校教育が政治化され、政党の政策の前面に学校改革が打ち出される。既得権益が抜本的改革に抵抗する。学校のシステムには官僚主義的特徴があらわれ、なかなか変わらないというシナリオである。シナリオ2は、市場原理が広がり、学校間の差が広がり不平等が悪化する。親の学校選択が強まり個人主義が広がるというシナリオである。また「脱

表1-1　未来の学校教育へのシナリオ（OECD, 2002）

「現状改良」シナリオ	シナリオ1	強固な官僚的学校システム
	シナリオ2	市場モデルの拡大
「再学校化」シナリオ	シナリオ3	社会の中核的センターとしての学校
	シナリオ4	学習組織の中心としての学校
「脱学校化」シナリオ	シナリオ5	学習者ネットワークとネットワーク社会
	シナリオ6	教員大脱出－溶解シナリオ

学校化シナリオ」のシナリオ5は学校への不満感が広がり、情報通信技術の潜在力を使ったインフォーマルな学習がネットワーク社会で広がる。学校と呼ばれる特定の場所で教師によって教えられるものではなく、ITなどでの通信教育などの個人学習のネットワークが広がるというシナリオである。そしてさらにそれが進むシナリオ6は最悪のケースとして、教員年齢層が偏っているため新採用でカバーできず深刻な教員不足になり、学校で教えることの魅力が低下してより高報酬の仕事を選択するようになる。それによって教育の質が低下する。学校が教える時間を短縮するので企業やコミュニティの専門家などによって、教育がなされ、家庭教師市場が活況を呈するというシナリオである。

これらに対し、「再学校化シナリオ」のシナリオ3は、学校は社会の分裂や価値観の危機に対する防波堤として、公的信頼を得て、学校支援が高まる。コミュニティの中心、社会資本の形成としての学校が期待され、これまで存在してきた学校と社会の壁がくずれ、親やコミュニティ、教師たちのネットワークが盛んになるというシナリオである。そしてシナリオ4は、高水準の公共的信頼と資金を得て学習組織における学校と教師の幅広いネットワークができる。学校は知識が集積される学習組織として認識され、教師の専門性開発が盛んとなるというシナリオである。

シナリオ4へと向かう方向が望ましいのは言うまでもない。現実の日本社会は揺れ動く政局と政策の中で、この多様なシナリオのいずれもの可能性を含みながら、輻輳的な展開を遂げている。学校が本来的な学校機能を果たすのには「公的な信頼」が鍵となる。その信頼の中核は、授業であり、子どもたちが将来市民として、専門家として、幸せな生活を送るための資質を育成していることを実感することにある。

たとえば習熟度別学習が行政主導で教育改革として多くの学校に導入された。しかし二〇一〇年第五回学習指導基本調査（ベネッセ）によれば、二〇〇七年に比べて小学校では習熟度別学習実施校比率は調査回答校の四五％だが、この三年で五・一％減、中学校でも三五％実施だが一四％減少と短期間にいずれも大幅に減っている。この背景要因は必ずしも明らかではないが、少人数指導は増えていることをみるならば、単なる予算的措置ではなく、教師自身が実施してそこに感じた手ごたえや効果、生徒や保護者から公教育としてその教育方法へ信頼が得られるかという判断の実態を反映しているとも捉えられるだろう。学級や学校において、生徒、教師、保護者、地域が信頼をおける授業をどのように模索希求し形成するかが問われているのである。

二　知識基盤社会の授業の質

知識基盤社会に求められる方向性

科学技術の進展による情報化、グローバリゼーションなど、社会・経済構造の変化が急速に進む中で、学校教育が果たす役割や意義は社会の中でも強く認識されるようになってきている。二十一世紀になり社会の経済や産業構造が変わり、「知識」には特別の意味が与えられるようになった。知識が新たな産業や道具を生み出し、それによって、これまでの社会にはなかったネットワークをつくり出すようになり、文化の伝承や更新も新たな方法でも行われるようになってきた。このような知識基盤社会といわれる現代において、子どもたちが身に付けておくべき力として求められる内容も変化してきている。

テクノロジーが急速かつ継続的に変化していくことに対応するためには、道具の変化に対応する力、自らの経験から学ぶ力が求められている。また、社会全体が個人間の相互依存を深め多文化化しているために、異なる文化背景を持つ他者とうまくやっていく協調的な力、そして批判的に考え自律的に行動する力が求められている。

ＯＥＣＤはそれらを知識基盤社会にもとめられるキー・コンピテンシー（鍵となる能力）として指摘し、さまざまな心理的・社会的な資源を活用し、特定の文脈の中で複雑な課題に対応できる力の育成を国際的に求めている。基礎的な知識や技能を深く学ぶことで活用でき、どの職業においても高度専門家をめざして生涯学んでいくことができる学び方の学習である。ユネスコでは、これからの時代の学びを、図１－３のように「学び方を学ぶ、他者と共に学ぶ、さまざまな行為のやり方を学ぶ、それらを通して自己のあり方を学ぶ」という四つの学びで説明をしている（一九九六）。

学習科学の研究者であるキース・ソイヤーは、二十世紀の産業主義社会に対応する伝統的な学校教育のあり方を「インストラクショニズム（指導主義）」と呼び、それと対比しつつ二十一世紀の知識社会の学習のあり方を提示している。指導主義では「知識は正解に関する事実と問題を解決する手順から構成されている。学校教育の目的は、これらの事実と、手順を生徒たちの頭に入れることである。教師はこれらの事実と手順を

図1-3　4つの学び

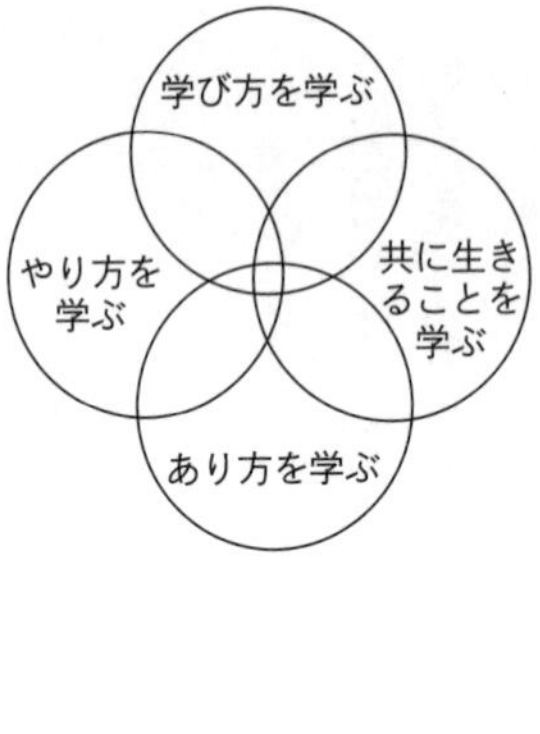

知っており、それを生徒に伝えることが仕事である。比較的単純な事実と手順から始まり、次第により複雑なものが学ばれる。この単純さと複雑さの基準や定義、教材の適切な配列は、教師や教科書の著者や数学者、科学者、歴史学者などの専門家によって決められる。学校教育の成功とは、生徒たちが多くの事実と手順を身につけていることであり、それはテストによって測定される」という見方で構成されてきたという。

これに対して、二十一世紀の学習科学では、次の点がポイントになる。

●より深い概念的な理解を大事にする。単に事実と手順を身につけるだけでは、知識労働者として能力を発揮するのに不十分である。事実と手順の知識は、適用可能な状況がわかり新しい状況に応じて知識を修正して使う方法を知っているときにのみ役立つ。実世界で利用できるよう、より有用な形で事実や手続きを学ぶことを大事にする。

●指導法だけでなく学習に焦点をあてる。うまく教えれば、深い概念的理解を得るわけではない。生徒は自分の学習に積極的に参加することで初めて深く学ぶ。教師の指導技術だけでなく、生徒の学習過程に焦点を当てて考えていくことが大事である。

●学習環境をつくる。学問共同体の熟達者のように振舞えるために必要な、あらゆる知識を学べるよう支援すべきである。そのために実世界の問題解決を可能にする学習環境をＩＴなどで構成することが必要である。

●学習者の既有知識に基づく環境。生徒が既に持っている知識に基づいた環境をデザインする。

●省察を促す。生徒たちは、会話や文章を通して自分の知識を表現することで、自分の理解を対象化して分析し、振り返える機会を与えられるときに、よりよく学ぶことができる。

この立場に立てば、教師は直接指導を行うだけではなく、学習環境をデザインし、そこで生徒が学習するためにさまざまな役割を担うことになる（図１－４）。教師と生徒は学習において共同で責任を負っている。学習に対する教師の関わり方には、直接教授し指導したりモデルを示すことから、生徒を学問世界へ誘導し、足場をつくって、生徒が自分でできるように援助したり促したり、生徒が自らその共同体に参加して行くまで、さまざまな関わりが考えられることになる。

授業の質とその規定因

カリキュラムの一貫性を高め、教員の専門的資質を一層向上させ、真正な教育評価システムが機能するよう、教育の制度などの「質」を高める改革がさまざまな国で行われてきている。「質」の向上を考えるときに、どのような方向を授業などで学校がめざすのかという「教育の方向性」としての質、それを支えるためにどのような構造やシステムを学習において作り出すのかという「構造の質」、そしてその教育の過程を具体的にどのように捉えるのかという「過程の質」、そして成果と

図 1-4　教師の役割と生徒への責任の漸次的委譲（Pearson, 2009）

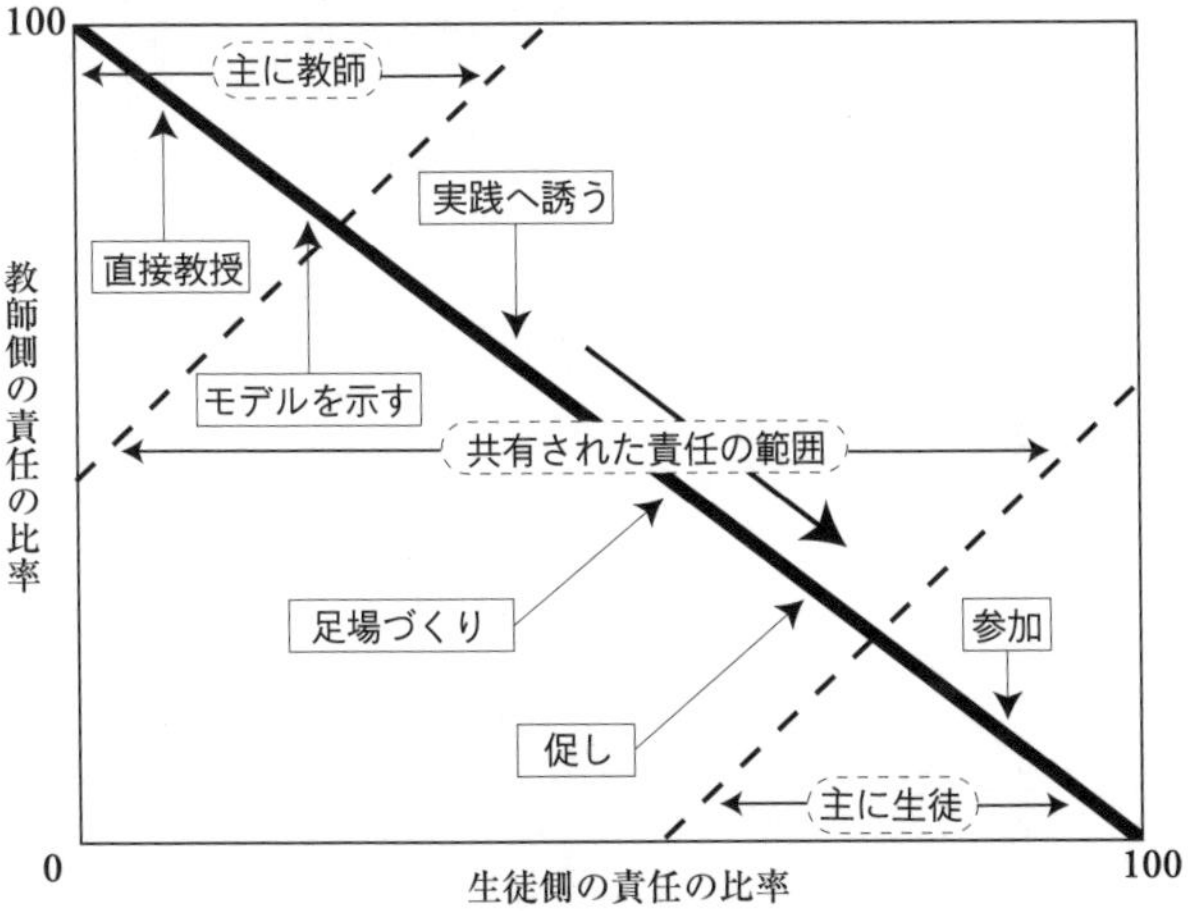

してどのような状況にあるのかという「成果の質」という四つの「質」の連動で捉えることが必要である。

教育過程の質を捉えるには、教師たちが専門的に培ってきた、生徒の学習過程をとらえる見識としての感性とそのことばが重要である。日本の先生たちがよく使用する言葉に「子どもたちが生き生きとしている」「目が輝いている」「身を乗り出している」「しっとりとして落ち着いている」「じっくり取り組んでいる」などのことばがある。これは授業過程での、瞬間瞬間における生徒の学習過程の質を、非言語的側面から的確にとらえた感性のことばである。そしてこうした場面の判断は、多くの教師で一致するものである。このような時間を生きることを、どれだけ多くの生徒により長く授業で提供できるのか、その試行錯誤の積み重ねの中でしか、実際の授業の質を高めていくことはできない。

ベルギーのリューベン大学のフェール・ラーバース教授は、〇～十八歳までの教育の質は図1－5に示すように、居場所感と夢中・没頭の二軸で決まると指摘する。いかなる教育哲学や学問理論や方法論を研究者が論じても、また学力テストの得点をはじめとする成果を分析して次の改善を論じても、教育過程の質はそれのみでは向上しない。仲間と共にいる教室に居場所感があり安心してクラスにいられ、そしてそこで教えられる内容に没頭できること、この活動とそのための空間を保証しない限り、教師の指導法や教材論だけでいかに授業の方向性を示したとしてもそれは上滑りで無機質な議論になる。

　教育過程の質の向上のためには、まずいつどのような要因で子どもが居場所を失ったり没頭できなくなるのか、あるいはどのようにして居場所が保障され、没頭が可能となるのか、子どもたちの経験から専門家が振り返ることが第一である。教師たちの個々の子どもへのまなざしや実践している学習を、うねりのリズムや身体空間のひろがりを持った状況での出来事として捉える見方こそが必要だからである。

　対象への深い関与、没頭（involvement, engagement）は、

図1-5　子どもの経験から振り返る教育の質

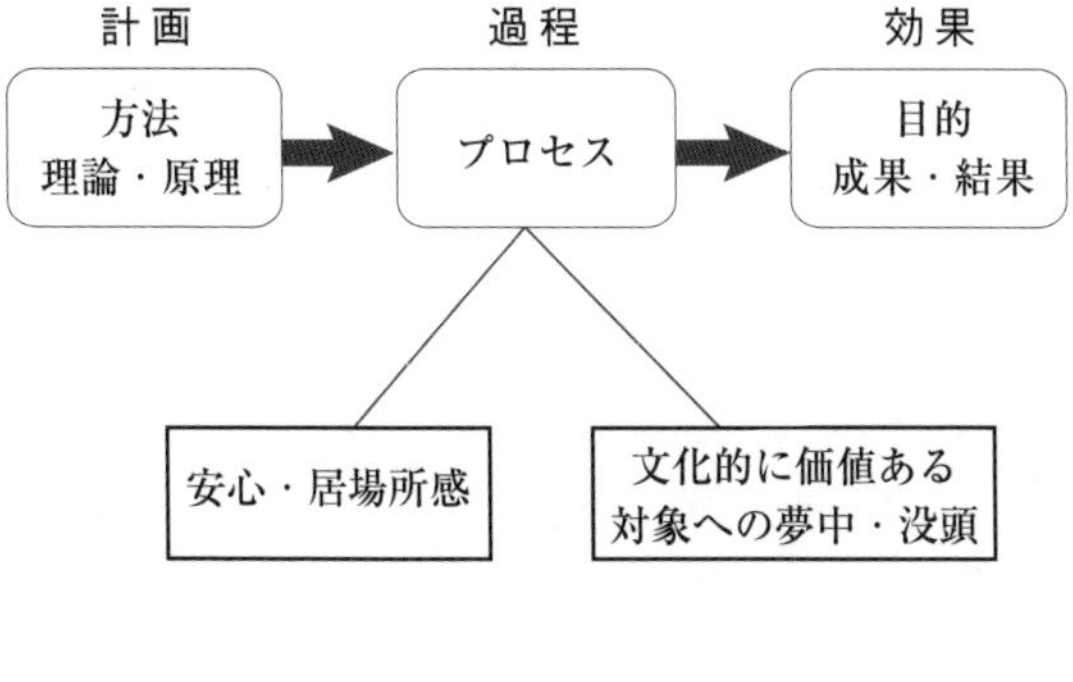

子どもたちがいまここで、どのように学習と関わって取り組んでいるのかという具体的な文脈のなかでの姿を捉える概念とことばで語られる。そして「学びの世界にのめりこむ、うちこむ、学びこむ」といった学習への集中、没頭状況は、子どもたち個々の能力のみによっているのではなく、能力と共に授業の文脈により形成されていく。そしてその没頭状態が、積み重なって安定的な学力形成に寄与してゆく。

教室において生徒が、能動的に参加し深く学びこむ状況に入っている様子は、二つの姿から捉えられる。

第一には、生徒それぞれが深く理解するための方略、精緻に理解するためにさまざまなメタ認知的方略を用いている姿である。メタ認知的方略を用いているとは、自分の理解を再度見直して対象化したり振り返ることが出来ているということである。よりよく知ろうとすることは、よりその内容について精緻に、丁寧に考えることにつながる。生徒それぞれがそのような方略がとれると、すでに持っている知識と新たな学習内容を結びつけて、お互いに語りあい、よりよく理解するためにモニタリング（相手の理解度、理解内容を探ること）が相互に行なわれるようになる。授業では、学習過程や発言を多次元的に吟味評価する場合が多くなる。それによって生徒自身も、さらに自分の理解をより精緻化する方略を取ることができるようになるという相乗効果が生じる。

そして第二には、学級全体でさまざまな生徒が対話に参加し、教室での発言が精緻化されてより長く複雑なものになり、一つの内容について深く理解していることを示す談話構造になっている状態である。

こうした生徒たちの深く学び込む状態は、ひとつには個人の没頭、もうひとつはクラスでの没頭として現れてくる。

授業の質を保障する原理と展開の三相

このような質を保った授業を行うには表1-2のような五つの原理が保障されなければならない。

第一に「参加の保障」とは、教室という場所にいるだけではなく、学びへ参加できるよう、相互に学びあ

表1-2　5つの原理

1	参加の保障	学びへの参加・存在の承認
2	対話の保障	聴きあいの関係
3	共有の保障	一体感、自分たちのことばを形成することによるかけがえなさの共有
4	多様性の保障	差異の吟味と探究
5	探究の保障	さまざまな観点からの「課題の発見—追究—振り返り—見通し」の継続的なサイクル

う関係と仲間を承認しあう関係の形成である。そして第二は、それぞれの学び手の声を聴きあう関係としての「対話の保障」である。第三章で詳しく述べていくが、これは第一のことをことばを介して行っていく姿と言えるだろう。そして第三は「共有の保障」として、学びあう関係から生まれた共通の理解を持つことで一体感を保ち、自分たちのことばで学習を共同構成していくことである。それによって誰でもどこでも共有すべき知識を、自らの知識としてより詳しく深めていくことができる。このためには、思考を目に見えるように可視化していくことが必要になる。

そして可視化のための表現を学びあうためにも、第四に「多様性の保障」として学びあう者同士の差異の吟味と、差異から生まれるさらなる探究が授業の中で保障されることが必要になる。不確かな者、わからない者の声を、代弁したり補足していく中で、わかる者もわからない者もより深く理解することができる。そしてその中で新たに生まれる問いに対して、第五に「探究の保障」として、さまざまな観点からの「課題の発見―追究―振り返り―見通し」の継続的なサイクルをつくっていくことである。

授業を構成する際には、この原理を保障することが必要である。そのためには図1―6に示す三相の展開への配慮が必要となる。いろいろな子どもたちの声を聴きあうためには、まずは子どもたち一人ひとりが自分の学びの過程で思いついたことをたどたどしく語るつぶやきを聴き逃してはならない。そのためには一斉指導だけではなく、協働学習やペア学習など、教師だけではなくさまざまな人々に向けて語る授業を構成することも大切だろう。また全員がことばですべてを語るのを聴きあうことはできないので、書きことばや図をはじめ、さまざまな形で思考を目にみえるよう表現する機会をつくってやることである。

ただし、各自がそれぞれのこだわりを語っているだけでは話題はばらばらになり、「はい回る話しあい（まとめや結論の出ない話し合い）」や報告発表会となってしまう。そこで教師の教材研究と子ども同士の議論によって問うべき課題をまとめ、重要なテーマを焦点化して照らし出すことが必要になってくる。こ

図1-6　質を深めるための手だて

見える・響きあう	照らし向きあう（共同構成的）	振り返り見出す（個の理解深化）
1　多声的対話 2　思考の可視化	3　学習重要課題の焦点化 4　差異の根拠、理由の吟味	5　自己の振り返り 6　学びの履歴の可視化（単元単位）
誰もが参加し良さを認めあう	学びを深めつくり出す	思考や理解を吟味する

→

のときに思考の差異を相互に確認し、その根拠を詰めていくことで理解を深めることができる。

これまで、基礎的基本的課題には学力下位層が発言し、発展的課題には学力上位層が発言するような授業展開が多く見られた。しかし基礎的基本的課題に対して、自分のことばで原理や概念を具体例で説明したりしあうことで上位層があらためて学び直し、発展的課題では内容の複雑さから生まれるおもしろさを下位層が感じる機会を設ける工夫がなされると、全員がテーマの焦点化に参加できるようになる。学習課題の選び方と同時に、教師が誰をどのように指名するか、誰がそこで発言をする主体になるかを見直してゆくことが求められるのである。

ただしこのように皆が参加して語りあい共同的に構成した課題であっても、一人ひとりが自分の学びとして理解を深め、わがものとできているかは不確かである。だからこそ、毎時間授業の中での自ら学習を振り返り、単元や学期などひとつの内容の区切り目ごとに、日記やレポートなどで表し自らの学びをポートフォリオとして語りながら、次の内容について生徒それぞれが見通しを立てることが重要である。

授業の内容によって、実際のやり方はさまざまに異なっていることだろう。しかしこの三相が、短期のサイクル、長期のサイクルで重層的に繰り返されるような学びを作ることが、学びを確かにしていくために求められるのである。

三　学びのシステムへの視座

活動のシステムとしての授業

授業における学習の質には、学習者の特性と学習内容の性質、具体的にどのような指導や活動を通して行うのか、そしてどのような課題で評価するのかという三要因が関わっている。それらは、ひとつの活動やある時間だけではなく、その教師の指導経験の積み重ねや生徒の学習によって形成されてきた指導観や自己や他者についての信念や知識、学習集団としての一年間の歴史のなかで培われていく学級の雰囲気や風土も大きく影響を受ける。そのような往還的な学習への態度や行動こそが、学習の質と言えるのである。

具体的な学習活動は、六つの要素から捉えることができる（図1－7上部）。①誰が主体で、②学ぶ内容としての対象は何か、また結果として何が生じるのか、③どのような道具を使用しているのか、④そこではどのようなルールが働き、⑤授業の参加者によって課題がどのように分割分担され、⑥その学びはどのような集団（共同体）で担われているのかという点である。この六要素は連動しあっている。活動理論を唱えるユーリア・エンゲストロームは図1‐7下部のように伝統的授業と教師がチームでプロジェクトを組んで行った授業を、この六要素で表して比較対照している。授業においては、子どもの興味や関心、先行知識や理解にあわせて、カリキュラムや授業を組織し、学びの対象世界と子どもの出会いの場を準備していくことが必要になる。授業を分析していく上ではこれらの要素が、実際にどのように構成されているかという点を捉えていくことが重要である。

授業の構成要因

このような具体的な活動を構成しているのは、図1‐8に示すシステムの構成要因である。まず学習をどのように捉えるのかという、教師が持つ理論や授業・学習観や価値観、教師が考える生徒の育ちや学びのヴィジョン、ルールがある。これは一時間や一単元の活動だけではなく、システムとしての授業全体を支えるものである。そしてそれに応じて一時間の授業をどのような学習集団として組織するのか、どのような

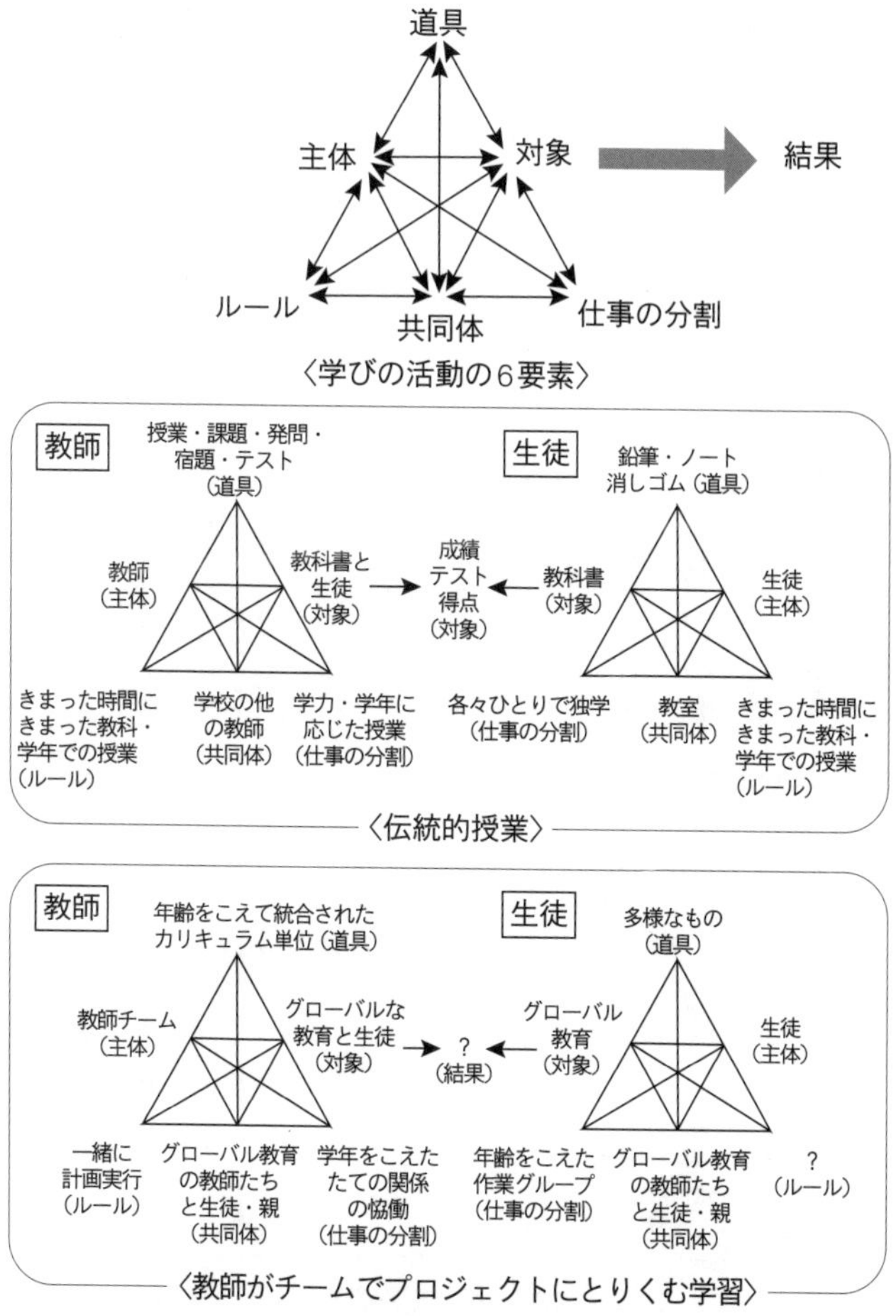

（?）は進行中のプロジェクトであり、未確定であることを示している。

図1-7　学びの活動の6要素（Engeström, 1998）

学びの道具、教えるための道具をいかに使用するのか、学びを媒介する仲立ちとしての教材、学習材というメディアがある。そしてそれを実際に運用する場で、話しことばでのやりとりとしての談話スタイルと、書きことばを用いる記録スタイルをどのように用いるのかという要素がある。これらは相互に密接に関連しあっている。したがってどこから改革をはじめても、それに応じて他の要因も必然的に変わっていく。

教師から生徒への知識の伝達と習得を基本と考えれば一斉指導が主となる。教科書や教材の使用法としては、教師対生徒の形式の会話が主になされ、生徒は先生の板書を写すノートをつくることになる。また一方、学び

図1-8　授業システムの構成要因

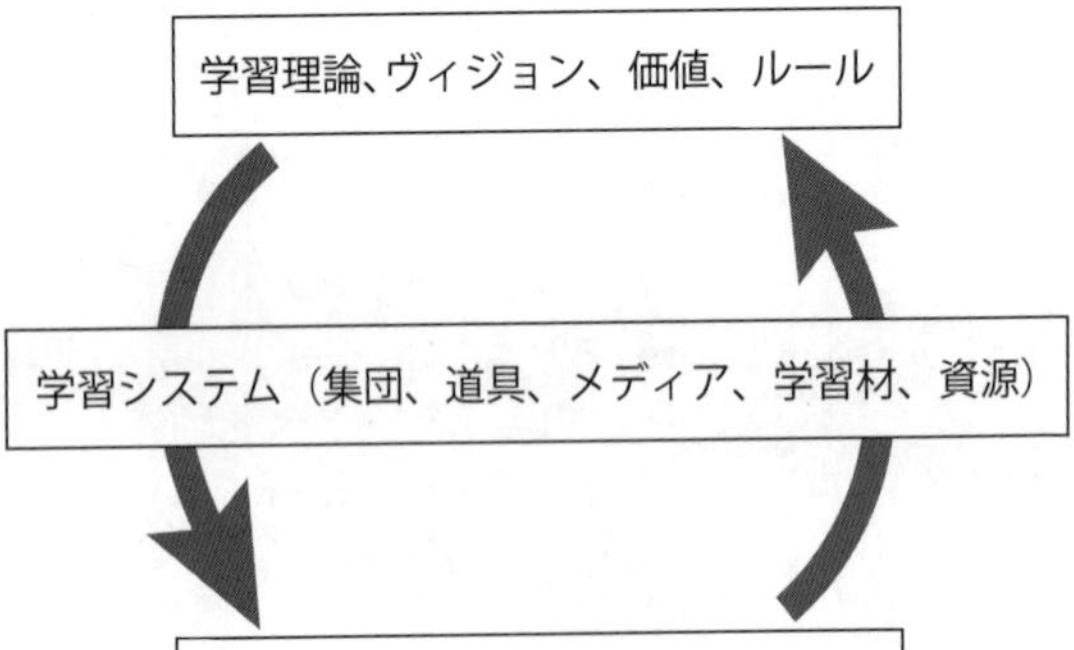

手の主体としての生徒が共同構成していくような授業を志向するならば、小グループで、探究型の学びを多様なメディアを用いて行うことになる。そうなればそこでの記録は教師の声を反映したものというよりは、思考途状の自分の学びの表現者としての記録が中心となるだろう。

一時間の授業をどのように指導し展開するかという発想ではなく、より広い視野で捉えた学びのシステムをどのように構成し授業の場をデザインするのかという発想への転換が必要なのである。その点から次章以後、具体的な授業のあり方を考えていこう。

◉第二章

授業研究は、いま

教師は日々授業を振り返り、目の前の子どもたち一人ひとりに良質の学びを保障することを目指して、自らも学び続ける。その営みにより授業の質は向上してゆく。この教師の学びの中心は、授業の研究である。授業研究では、授業はどのように捉えられ研究されてきているのだろうか。本章では、授業研究のこれまでの展開と現在の動向、授業研究で用いられる基本的な概念について考えていこう。

一　我が国の授業研究の展開

「ジレンマ・マネージャー」としての教師

以下の文章は、一九五〇～六〇年代に日本の授業研究をリードした群馬県島小学校の斎藤喜博校長によって書かれた文章である。

「2に2をたせば4になるということがどうしてもわからない子どもがいる。その先生は、その子どもになんとかわからせようとして、おととい懸命に教えた。だがわからなかった。きのうは違う方法と解釈でその子どもと対決してみたが、やはりだめだった。そしてきょう、いままでと全然違う教材の解釈をし、子どもの解釈をして、とうとうその子どもをわからせてしまった。そのときその教師は、はじめて算数がわかり、子どもがわかり、授業がわかり、教育がわかったということになる。学級全体の授業を組織し発展させていくことも、そういう対決、そういうたたかいによってよりほかに、教師自身が学習し、自分を変革させていく方法はない」

（齋藤喜博『授業』一九六三）

このことばは、現在でも古びていない。授業で起こる出来事の複雑さは、子どもや授業者とは違う立場から授業を見ていても、すぐにわかる。大勢の子どもたちとのやりとりの中で学習を組織し、参加しているすべての子どもたちの学習や理解を適切に捉え、一人ひとりをより深い理解に導いてゆくことは難しい。授業は、さまざまな相矛盾する要請や期待が時々刻々と展開するジレンマ状況である。米国の数学教育研究者であり、自らも教壇に立ちながら研究をすすめたマグダレーヌ・ランパートは、教師を「ジレンマ・マネージャー」であると表現した。

そのうえ教師の仕事は、その場で問題に対処をして終わるのではない。齋藤校長の文章にあるように、教師の仕事は、子どもたちが学習内容を理解するまで、授業のあり方を追究し続けることである。授業という場は誰でも生徒として一万時間もの授業を受けた経験があり、わかっているつもりになりやすい。しかし教師として教壇から眺めると、まったく異なるものに見えてくるのではないだろうか。授業研究は、経験を積み重ね、授業の在り方を繰り返し探索し、理解を深めていく文字通りひとつの研究（re-search）なのである。

授業で教師が直面する課題は、ある方法やある教材を用いればすべての子どもに良いというふうに単純なノウハウパッケージでは解けない難問である。今日では授業を単純化して方法論や手順で論じる言い方が、教育行政や教育産業、教育研究者、カリスマ的な授業者から数多く発信され、巷には教育のノウハウ雑誌や書籍が氾濫している。しかしそれらが、教室という場での教師の複雑な判断を、単純化しているにすぎないことは、専門家としての自覚がある教師であれば気づいているだろう。そうしたノウハウ本の情報を利用するにせよ、教師はこのような授業をしたいというさらなる授業の改善に向けて探究する。授業研究とはそのような、教師による教師のための実践研究なのである。そして、教師の仕事は終わりのないものであるから、授業研究は、教職という職業には欠かせない営みなのである。

研究者や行政が提案する理念や一般化された学問理論を適用実践し、新たな理論を開発し報告していく研究もある。しかし教師自身が責任を引き受けている目の前の子どもたちの課題にいかに対処すればよいのかを追究することこそが授業研究の本質であろう。二つの授業研究のあり方は、授業という営みのアポリア(難題)への自覚の違いから生まれている。

もちろん研究者も、教師とは異なる視点から、授業を研究してきた。また研究者と教師の協働で、授業を計画、実施、分析していく研究も近年増加している。その過程で教師が新たな刺激を受けたり、研究者が新たな学術的課題への着想を得ることも多い。それらの研究が相補いあって、授業や教室で学ぶことへの理解が、学校でも社会でも深められ、変容してゆくのである。

では教師による授業研究は、日本ではどのようにして成立展開してきたのだろうか。図2-1は、稲垣忠彦らが日本の授業研究の歴史的変遷をまとめた文章を参考に作成したものである。実際には、各時代で輻輳的にさまざまな動きが全国各地にあっただろう。だが大きな動向として捉えるならば、明治一〇~二〇年代から大正新教育期を経て戦後昭和三〇年代まで、閉塞する時代状況や戦時下の国家の統制に拮抗しつつ、教師たちは自らの手で、授業や学習方法、カリキュラム、教材や学習活動を検討してきた。その歴史は、史料や教師の実践記録などからも裏付けられる。また研究者も、たとえば重松鷹泰が授業観察時に観察野帳と呼ばれるフィールドノートや写真を用いて、子どもと教材、教師の関連を授業全体として捉え、授業構造を分節化する日本独自の捉え方の開発などを手がけたように、授業の場全体を捉え授業者と共有して検討できる方法を模索してきていた。

授業研究の質に変化が見られるのは、一九六〇、七〇年代である。科学技術の発展や変化と共に、米国からもたらされた行動主義の理論に基づき、授業を自然科学的にPDCA型（計画Plan―実行Do―評価Check―改善Actionによって品質を高めようという考え方）で

明治期初期～20年代　学校における授業研究の制度化と普及
明治4年　学制の制定
一斉授業方式が師範講習所、師範学校を通して伝習
明治13年　改正教育令制定
明治14年　小学校教則綱領、学校教員品行検定規則、師範学校大綱制定
明治10～20年代　授業研究が普及し、授業批評会の隆盛
発問法や板書、授業様式研究など教師の手による研究の浸透

↓

明治30年代　授業方法の定型化・制度化による閉塞化
明治30年　教科書の固定

↓

大正期～昭和初期　大正自由教育による授業と授業研究の展開
新教育を標榜する私立学校や附属学校での授業や授業研究の誕生
及川平治などによる新たな授業法や木下竹次による学習法の検討

↓

昭和10年代　戦時体制下　国家による規制の強化　授業研究の困難

↓

戦後～昭和30年代　新たな教育改革と教育学としての授業研究の展開
昭和22年　学習指導要領一般篇（試案）
1950年代～60年代　自主的な実践の展開
生活綴り方実践、コア・カリキュラム
1960年代　教育学研究としての授業研究の隆盛
木原健太郎、重松鷹泰らによる研究者と実践者の共同での授業分析の開発

↓

昭和40年代～50年代　受動的研修と行動主義による授業研究の科学化
昭和33年8月　学習指導要領における基準の強化、研修の制度化
各県や市町村での教育センターが整備され、伝達的な義務的・受動的研修の性格強化
工学アプローチによるシステマティックな授業研究の展開
行動主義心理学により、研究授業の定型化、教科教育内容の個別的検討

↓

昭和50年代～60年代　高度経済成長と学校の危機による授業研究の衰退
校内暴力やいじめ、不登校などの問題の噴出
問題対処による教師の多忙化
認知心理学による学習者の知識や学習過程への着目
平成元年　新しい学力観　個性化への転換

↓

平成初期　グローバル化での学力論争と校内研修を中核とした学校づくり
平成9年　新たな時代にむけた教員養成の改善の方策の提示
平成10年　学習指導要領の大幅改訂
国際学力テスト、学び離れや学力低下
佐藤学ほかによる学びの共同体としての学校改革

図2-1　日本における授業研究の歴史的展開（稲垣,1995および、稲垣・佐藤,1996より）

捉える過程結果研究が普及した。これによって、授業目標を設定し目標達成を評価する効果を重視する研究と、教師の指導技術や教育方法を探究する授業研究へと、教師自身の手による自律的な授業研究は変容していった。授業でのやりとりを捉えた実践記録から、具体的な教室の出来事や生徒の固有名が消えて「T－C型（T=Teacher、C=Child）」の記録となり、生徒や教師の行動をカテゴリーごとの生起頻度で数量的に解析して、生徒の行動を統制・評価・改善する行動主義心理学に依拠した工学的な発想へと向かうことになった。ある地域や学校、学級の課題に根ざした研究から、いつでもどこでもあてはまる定型化した仮説検証型指導方法の模索へと変化していったのである。各地域自治体に設立された教育研究所や教育研究センターがそれを支えていた。学術研究においても、こうした教育現場の動向に歩みをあわせて行動分析カテゴリーがさまざまに考案され、学級や教師の特徴を量的に捉える研究が主流となっていった。

そして一九八〇年代には、学校は生徒が起こすさまざまな問題の対応に追われ、教師はますます多忙になり、授業研究は多くの学校で次第に衰退し、形骸化していく。また認知心理学の隆盛とともに、ひとの学習や知識の問題に目をむけた知見が数多く発表され、学習者の思考や学習過程が、研究の関心事となっていった。こうした認知心理学の影響は教師教育研究にもおよび、事例研究によって教師の知識やその複雑な思考過程、そして専門家としての教師の熟達化過程が明らかにされていった。

一九九〇年代以降、学習のあり方の見直しが進み、学習指導要領の改訂などもあわせて考えられるようになった。この背景の一つには、生徒の学び離れ現象や格差の拡大の実態が、保護者を始め、社会一般の人々の目にも触れるようになったことがある。この時期米国では、学力低下に対する教育政策として多額の公共投資がなされるようになった。学習科学者であるアン・ブラウンらによって学習者共同体（community of learners）が提唱され、日本でもそれらの影響を受けて、佐伯胖、佐藤学らによって学びの共同体論が紹介され、我が国独自の概念として成立していったのもこの頃である。以来、都市化が進み地域における絆が分断され、孤立化していく中で、授業と授業研究を中核に学校を再生し、生徒、教師、保護者が自律的に参画し学びあう、学びの共同体を目指した学校改革が展開してきている。

一方、国際的な労働市場の競争に目を向けて、国家の経済成長戦略として教育投資の重要性がＯＥＣＤの調査で示されるようになってきた。その流れの中で、

ＰＩＳＡなどの学力テストの得点発表や授業のあり方の国際比較データベースの作成が引き金になり、世界各国が学力テストの得点を競うかたちで、自国の教育のあり方や教育政策を振り返るようになってきた。

教育には、子ども一人ひとりが学び手としての自己を形成し、仲間や地域に根ざした幸せな暮らしや豊かな学びを得られる学習を保障していこうというたしかな流れがある。しかし一方、身につけた知識が貨幣や経済資本として機能する情報化社会、資本主義社会で、労働市場におけるよりすぐれた人材を育成するために、国家経済成長戦略として学校教育や、学校改革を位置づけるという流れもある。授業研究という点からいえば、何のための授業研究か、何を授業研究に期待するのかについては、複数の答えが存在するということである。たとえば東アジア諸国が、学力を高めるという問題を解決するために授業研究を進めようとしている背景には、国の経済発展のために学力の向上が政治経済的重要性をもっているということが大きい。

教師は「学びの専門家」として、学習の場である授業を研究し、自らの見識を高めていく。歴史的に見るとそれは、国家による統制や画一的な評価方法による標準化によって授業の場が衰退したり激動する中で、教師自身の手で学びの場をつくり出し続けていく営みの積み重ねであった。

こうして続けられてきた学びのシステムを、どのように継続、拡張、変革、発展させていくのかがいま問われている。授業研究が実施されている場は、学校内だけではない（図2－2）。授業研究はさまざまな場でなされており、行われる研修会の頻度や研究内容もさまざまである。これらの中核となるのが、校内研修である。

こうした研修で学び続ける教師の姿は、保護者や社会には知られていない場合が多い。教師は、問題が起きるたびにスケープゴート（生贄）として語られがちである。しかし、日本の教師たちは明治以来、授業研究を継続して行い、より良い授業を目指して努力を重ねてきた。そうして築いてきた自律的な授業研究の文化は、草の根の学びの共同体への学校改革の運動として、現在急速に広がっている。また専門家たる教師のみが学ぶだけではなく、保護者も学校に参画し、子どもの育ちと学びを中心にした地域における学びの環としての機能を果たしつつある。

授業研究が求める教師像

授業研究の変遷の背景には一九八〇、九〇年代から、求められる教師像が、理論的

種 類	主たる開催者	特 徴
校内研修	校長	学校としてヴィジョンや研究目的、生徒を共有して相互に、年間を通して継続的に検討することができる。
各都道府県·市町村·区での研修会	教育委員会	実際の授業を参観することは少なく、センターなどでビデオなどを使用したり講師の講義などを含みながら授業検討を行う。学校の実態は共有できないが、指導法や授業研究などの技能を個人が習得することを目的として効率的に行うことができる。ただし継続的になりやすい。
開発学校·指定校	校長	国や市町村などの特定の目的に応じた研究開発を行うなかで、その実証や実践として授業が行われ、評価がなされる。研究期間が決められているので、期間集中型になりやすい。
大学と付属学校や連携校の共同研究	大学研究者と附属学校長	歴史的には師範学校から地域の学校への新たな教授法や教育課程の普及としての使命をもっていた。大学との連携によって教育学的な理論や教科教育の専門的知見から授業を捉えることができる。
教員職員組合の研修	組合	各地域での教職員組合事務局が中心になって開催される。授業自体より、授業の背景となる教育問題や教育方法、教育評価、教員の職場環境改善、学力保障などの問題が検討される。
自主的な民間サークル団体	研修目的を共有した教師	共通の興味や問題意識を持った者が集まるので、率直な話し合いができる。長期的な教師の成長を相互に支えたりすることはできるが、多忙化や世代交代などで長期継続が難しい団体なども増えている。
企業、新聞社やNPOによるイベントや講座実施やカリキュラム教材開発	企業、NPOなど学校以外の民間機関	カウンセリング技能、IT技能など特定の技能習得を図って講座を実施する場合や企業との連携で開発を行うなど、個別具体的に特定の内容に焦点を絞った内容で研究が行われる。

図2-2　授業研究（教員研修）の場

に変化してきたということがある。これはドナルド・ショーンによる、技術的熟達者と反省的実践家という二つの教師像の提起をきっかけとしている。ショーンによれば、技術的熟達者とは、現実の問題に対処するために、専門的知識や科学的技術を合理的に適用する実践者である。そこで大事になるのは、技術をどのように適用できるか、それがうまくいったかどうかである。

これに対して反省的実践家とは、専門家の専門家たる所以は、活動過程における知の働きと省察それ自体にあるとする考え方である。教師という専門家は、行為の中で暗黙に働く知を持っており、状況と対話し、行為しながら考え (reflection in action)、また行為を振り返り省察する (reflection on action)。教師の専門性を、教育学の理論を適用する技能や知識を持っていることではなく、各人が実践知と実践的思考様式を備え、変動する不確定で複雑な状況に対応する思考や行為の中にあると捉える見方である。

明治初期や一九七〇、八〇年代の指導法の開発において志向されたのは、技術的熟達者モデルであった。教師イコール「教えることの専門家」というモデルである。これに対して一九九〇年代以後は、反省的実践家としての教師像が学校改革の中核に据えられるようになった。教師は授業の技術や知識を状況に当てはめているだけではなく、授業や生徒の学びという複雑な状況に全身で対応している。その判断や対応の是非と新たな可能性を、日々の経験を通して振り返りながら学び続けていく。この意味で、教師は「経験から学ぶこと」の専門家というモデルである。「学びの専門家」ということもできるだろう。このような教師たちが経験を協働で省察する場として、校内研修が位置づけられ、そこでは教師たちは授業のあり方を学びあう学びの共同体をつくってゆくのである。

この二つの教師像の違いは、授業をどう評価するのか、教育における平等と、生徒の能力や卓越性に応じてどうバランスをとるのかという問題とも直接関わってくる。教師や学校に対する信頼の形成と公的責任の所在の問題ともいうことができるだろう。

二　レッスン・スタディの広がり

拡大するレッスン・スタディ

米国の研究者スティグラーとヒーバートは、著書『日本の算数・数学教育に学べ』の中で、日本の子どもたちの国際学力テストの得点の高さの要因の一つとして、日本の授業研究を「レッスン・スタディ」の名前で紹介した。これを契機に、米国、英国、スウェーデン、香港、シンガポール、韓国、中国など国際的にも多くの研究者の関心が日本の授業研究のあり方に集まり、教師の学習の過程と校内研修が議論されるようになってきている。二〇一一年調べでも少なくとも七十カ国を超えて紹介され、それらの中には、自国で授業研究に取り組み始めた国もある。

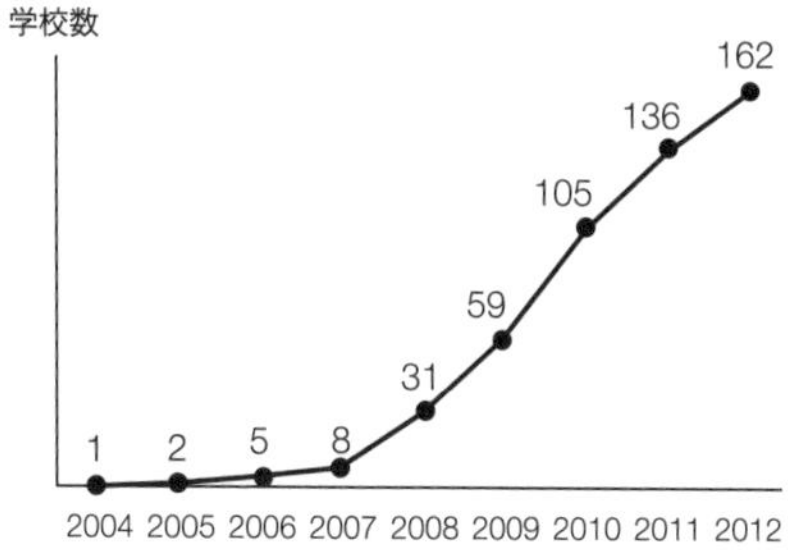

図2-3　シンガポールでの授業研究の急激な展開（Lee, 2011）

シンガポールのように五年ほどの間に、国の約八割の小中学校が取り組むほどに授業研究が発展した国もある（図2-3）。また米国をはじめいくつかの国では、小中学校だけではなく、就学教育から大学教育まで、レッスン・スタディの試みが導入されている。多くの国では、レッスン・スタディの方法や過程が研究者によって紹介され、そこから心ある教師の草の根的な運動として広がっている。

一方、ブルネイやインドネシア、シンガポール、香港などのように、国の教育行政がレッスン・スタディを支援して予算を付け、積極的な導入をはかる国もある。そのような国の多くでは学力向上策として取り入れられたことや、ＡＰＥＣのネットワークやＪＡＩＣＡなどの支援によって推進されているため、数学や理科などの教科での授業研究が中心となっている。

またその展開の内容も国によって異なっている。たとえば、スウェーデンや香港では、レッスン・スタディ（授業研究）ではなくラーニング・スタディ（学習研究）という名前で呼ばれている。それは、教材の学習における重要点（クリティカル・ポイント）を見つけ出し、その学習方法のバリエーション（多様性）を事前テストで分析し、さらに授業のあとで事後テストによって検証するというサイクルを繰り返すことでよりよい方法を見出す、スウェーデンの学習科学研究者フェレンス・マートンのバリエーション理論の思想を取り入れているからである。日本発の授業研究は、各国の研究者の理論的位置づけや各国の政策のあり方にしたがって、多様な形で広がっている。

レッスン・スタディの効用

なぜこのように授業研究がレッスン・スタディとして世界中に広がっているのだろ

うか。そこには三点の効用を指摘することができる。キャサリン・ルイスの整理した授業研究がいかにして指導改善を生み出すかというポイントに従って考えてみよう（図２－４）。

第一は、個々の教師の知識や技能への影響である。授業の何に注目するべきなのか、どのような指導法があるのか、授業研究は教師がさまざまな具体的な知識を身につけるきっかけとなる。

第二には、授業研究を実施することで教員間の会話が変わ

図2-4　授業研究は指導改善をいかにしてもたらすのか（Lewis, 2007）

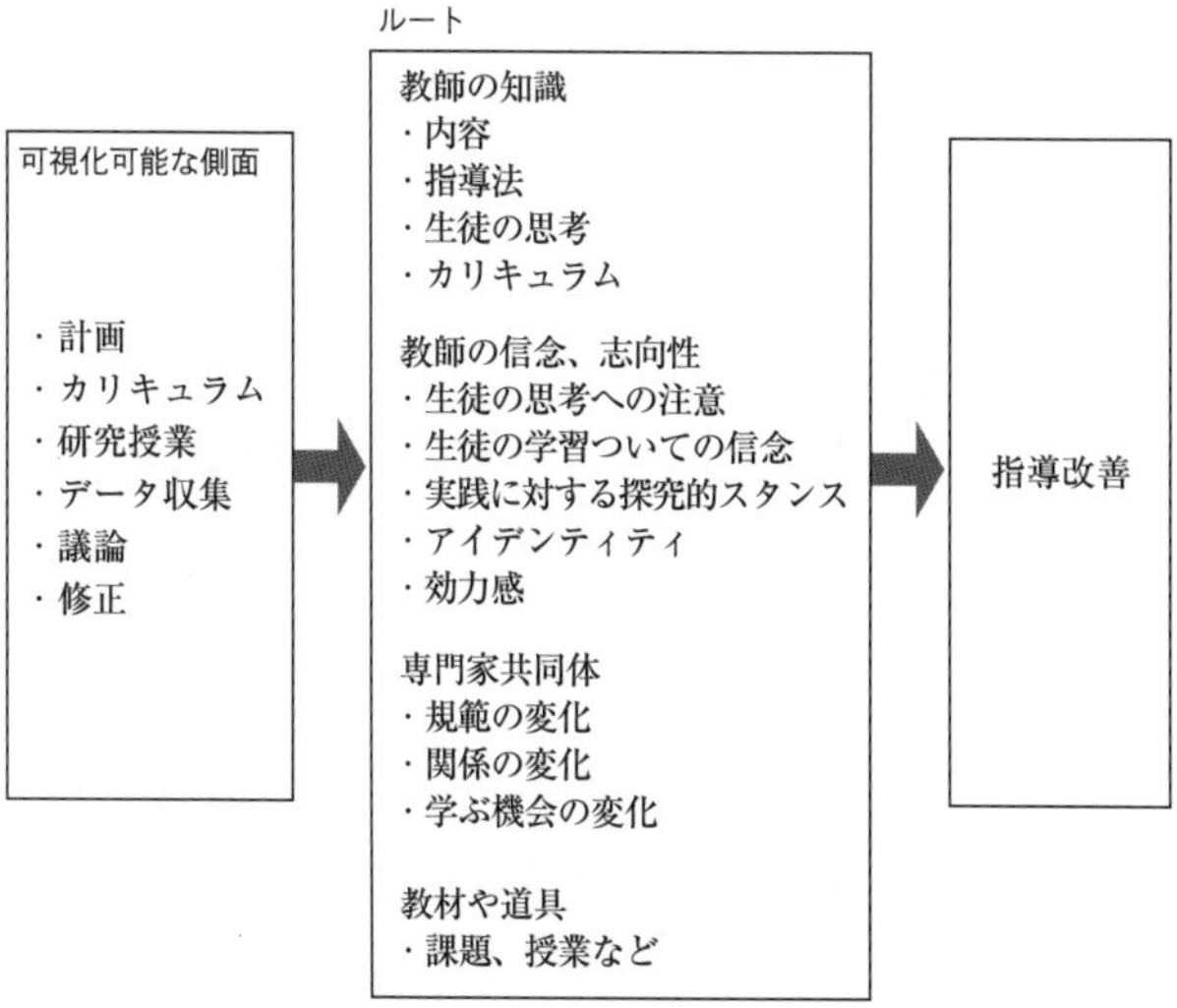

り、同僚性の変化が、専門家共同体としての教師たちのあり方を変え、学校づくりに影響を与える点である。それらは間接的に生徒の学力向上にもつながることになる。たとえば、図2-5に示すように、米国や英国などでは、特に低学力校などでも効果があることが示されている。こうした効用は、事前事後テストによって授業研究の短期的効果、指導法の効果が検証され、それが授業の改善に生かされ、さらなる効果をもたらすという形で発揮されている。

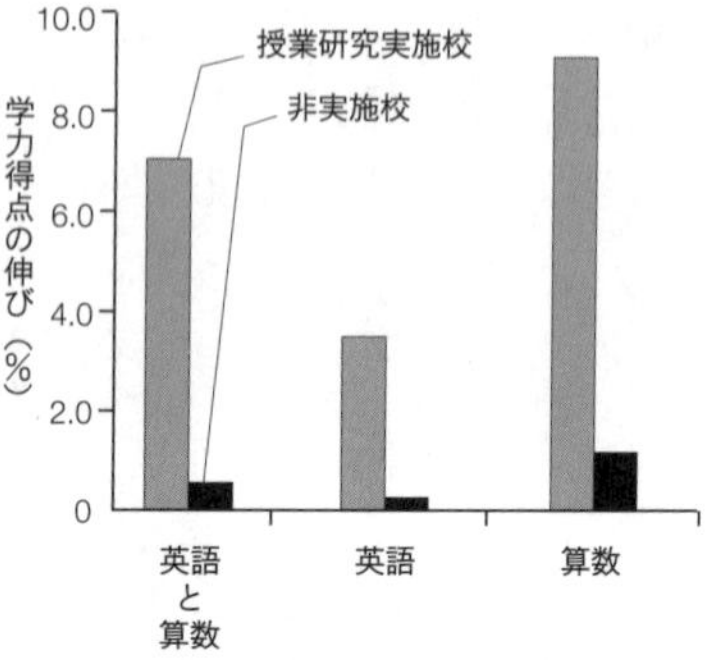

図2-5　授業研究の低学力校に与える影響
（Hadfieldほか, 2011）

筆者らが関与し学校改革として授業検討会の変革を行った小学校の教師五十六名と、同じ市にあるが変革は実施していない学校の教師六十名に、質問紙調査で授業研究内容を尋ねたところ、実施校では「生徒の様子」や「発問応答の仕方」、「問題を抱えた生徒」について話すことが多く、非実施校では「授業の進め方」に言及することが多いことが明らかになった。教師の授業に対する視点、学ぼうとする姿勢が異なっ

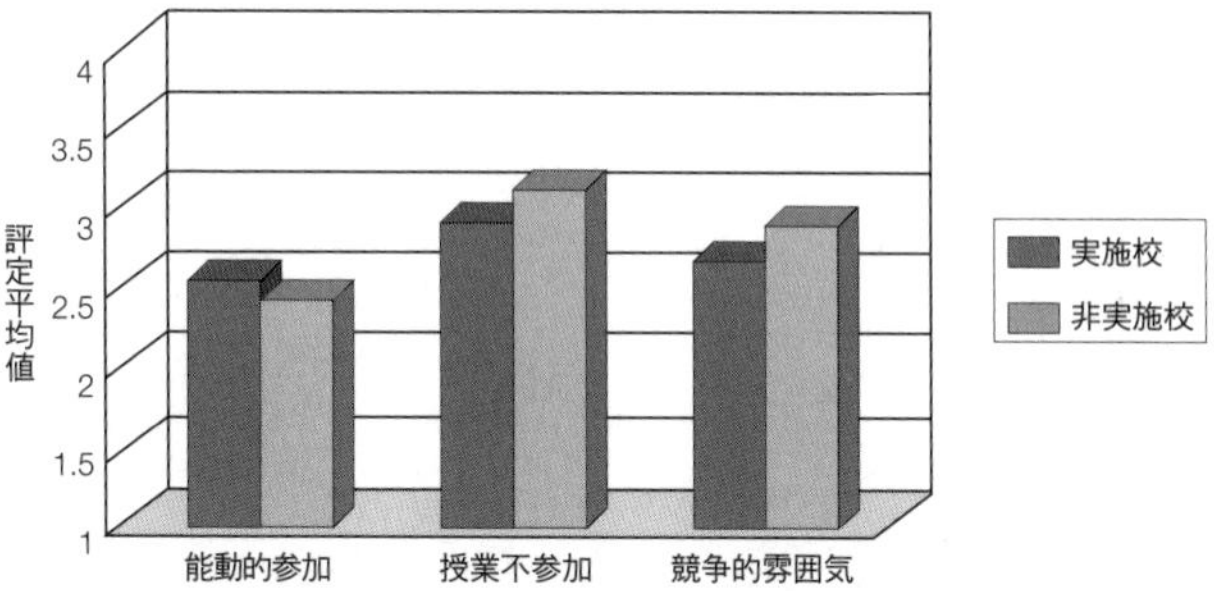

図2-6　授業研究改革校と非実施校での児童の授業雰囲気認知の差

ているのである。またさらに、実施校生徒二三〇名と非実施校生徒二八九名にも、授業への参加意識などをたずねた。その結果、図2-6のように実施校では生徒の能動的参加の値が高くなり、授業不参加や教室の競争的雰囲気が低いことが示されている。教師が授業研究によって自らの授業を省察していくことが、授業を変え、生徒の授業参加を促していくことを暗黙裡に示唆している。そのことは結果として生徒の学力の向上につながっていくことだろう。

第三には、授業研究を繰り返す中で、取り上げる教材や学びのための道具の開発が行われたり、授業検討のための指導案や観察記録シート、実践記録やその紀要などの授業研究文化を支える道具が作成されることである。スティグラーら海外の研究者が指摘するように、日本で授業研究が歴史的に可能となってきた背景には、A教師が教科や学年を超えて集まる職員室の存在、B小学校なら一年生から六年生までどの学年でも担任できるシステムがあり、教職経験を共有できること、C国の検定教科書という同一教材を全国で使用するので、授業の基本イメージが共有できること、D教授案、教案、指導案、学習活動案、実践記録、研究紀要など名称は時代により異なるが、授業研究を支える道具が工夫され、受け継がれていること、E授業を語ることばや概念、それらのことばを用いた語りの様式が成立し、教師の思考や授業の見方、言語化を支えていること、という五つの要因がある。

つまり日本の学校には、教師の学習を支える道具やシステムがすでにあり、学びあう組織が形成され、その意義やルール、規範が教育ヴィジョンとして共有されてきたのである。新しく授業研究に着手した国では、日本の教科書を英訳して使用したり、新たに教材パッケージを開発したり、観察記録シートを作成するなど、授業研究を支える道具のあり方の検討からスタートしている。

さらに一九八〇年代以後、AV機器の発展によってビデオ記録を積極的に活用することができるようになってきた。ビデオは生徒の学習を可視化する。ビデオの記録には、豊富な情報が含まれ、さまざまな点に着目した多層的な解釈が可能になる。一回しか生成しない生徒の様子や応答の仕方などを繰り返し具体的にみられる意味は大きい。またビデオだけではなく座席表記録用紙や生徒のポートフォリオ、抽出児の記録など、これまで開発されたさまざまな記録の道具をデジタル化することも現在進められている。また授業研究を行うネットワークも、学校内外、国内外でインターネットを介して作られ共有されてきている。

レッスン・スタディの過程

レッスン・スタディの典型的実施過程は、米国のキャサリン・ルイスの紹介に従い、図2-7の形で海外では広く了解されているといってよいだろう。「授業計画――研究授業実施――授業検討――授業記録作成などによる学習と再デザイン」という四つの過程の循環は、国内外の学校で共有されている。

授業者にとってこの過程は、次のような三段階の学習過程である。まず第一にこれは授業展開の目標を予想、計画し、実際にその問題状況を解決し、解決の過程と結果を評価するという教師個人の学習過程である（1目標設定と計画）。ときには同僚と議論することで多様な教材や授業の展開可能性を教わり学ぶ過程も含まれる。また授業検討会は、授業を見て問題や可能性を協働で発見し語りあう協働学習過程であり（3授業検討）、加えて授業と授業検討を振り返り、記録を書くことや授業を再度行うことで、得た知識を定着させる（4学習の統合強化）。これらの学習過程を通して、教師は必要とするさまざまな知識、授業を想定した教材知識、授業技術として身体化した暗黙知、子どもの学習過程についての知識や、授業や学習の実践理論を学ぶことができる。またそれに応じて指導案、観察記録、検討会談話のためのさ

図2-7　授業研究の過程（Lewis, 2004）

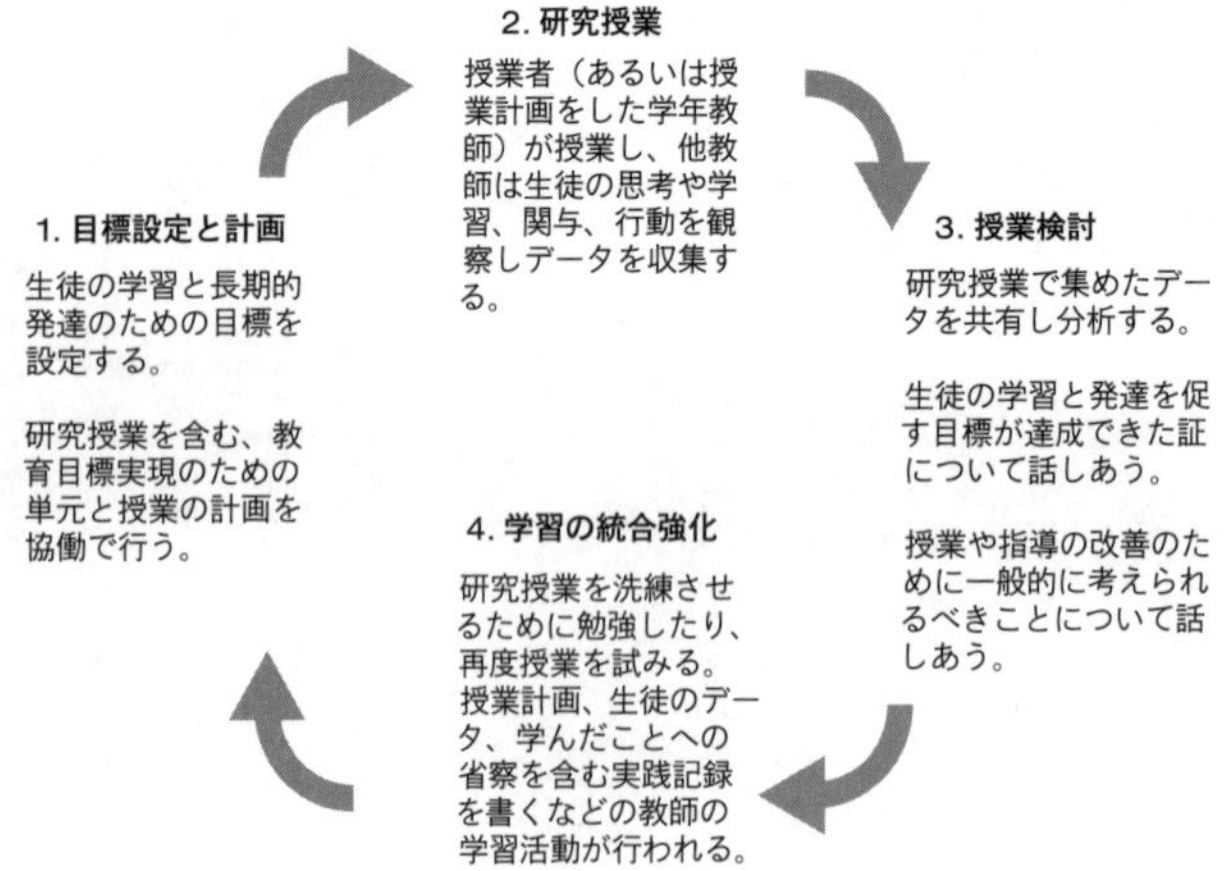

2. 研究授業
授業者（あるいは授業計画をした学年教師）が授業し、他教師は生徒の思考や学習、関与、行動を観察しデータを収集する。
1. 目標設定と計画
生徒の学習と長期的発達のための目標を設定する。
研究授業を含む、教育目標実現のための単元と授業の計画を協働で行う。
3. 授業検討
研究授業で集めたデータを共有し分析する。
生徒の学習と発達を促す目標が達成できた証について話しあう。
授業や指導の改善のために一般的に考えられるべきことについて話しあう。
4. 学習の統合強化
研究授業を洗練させるために勉強したり、再度授業を試みる。授業計画、生徒のデータ、学んだことへの省察を含む実践記録を書くなどの教師の学習活動が行われる。

まざまな道具や実践記録などが各学校、地域、国で開発されてきているのである。

教師にとって学習過程であるということは、授業を行うだけではなく、授業研究のための知識や技能もまた求められるということである。自らの授業を対象化し、メタ的に認知する能力を育てていくことが求められるのである。授業の見方、授業の語り方、授業の語りの聴き方、そしてそれらをどのように実践に具現化するのかという、力量が教師に求められる（図2－8）。しかし、坂本篤史が実証研究から指摘しているように、授業研究を自らの授業実践へ生かすためには、少なからず心理的負担がある。できればこれまでの授業スタイルを維持したいというのが、教師の誰しもの自然な思いである。けれども授業研究を生かすには、授業の実践内容を表す表現の仕方を学ぶこと、同僚や研究者などのことばを学ぶこ

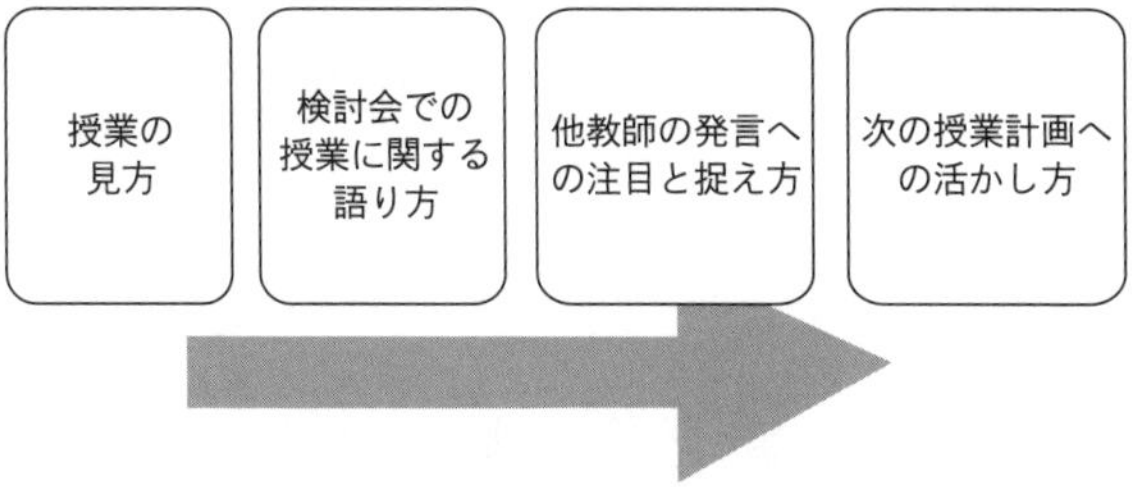

図2-8　授業研究に求められる力量

と、同僚の授業を媒介にして自らの授業を省察すること、自らの探究課題を持つこと、授業実践を通じた子どもの変化を感知できること、授業の理念を追究しようとする意欲などの、こうした新しい知識や積極的な姿勢が求められる。これらの要因がそろわない限り、授業研究が授業実践や子どもたちの学びとつながって機能することは難しいとも言えるのである。

それらがうまく機能することによって、授業研究は意味あるものになっていく。そのためには、授業研究の方向を決める研究主任や管理職の役割は大きい。千々布敏弥は、学校の質の高さを示す指標と関係があるのは、授業研究や校内研究を外部に公開する取組みとしての公開研究発表会、全員の研究授業実施、外部講師招聘といった開かれた姿勢であることを国立教育政策研究所全国調査から明らかにしている。ちなみにこのあり方は小学校と中学校では異なっている。小学校では部会を設定していることや、個人テーマを設定していること、研修の年間スケジュールが設定されていること、年間の研究まとめを作成していること、指導案を校長や指導主事が指導していることが学校の学力の質と関係がある。それに対して、中学では研究授業参観時の授業記録の作成、事後協議会での授業記録やビデオ使用が影響していると分析されている。

いずれにしても学校全体で授業研究にどのように取り組むのか、その姿勢が授業研究の質、ひいては学校教育の質に影響をしていくのである。

「授業研究の経験は、我々の授業づくりに影響を与え、また授業改革に挑戦する勇気を与えてくれた」

「時間とともに多大な信頼がうまれ、我々は互いに教え手となり、また学び手となった。それがすべてを物語っているのでは？」（米国・マサチューセッツの教員）

これらは初めて授業研究に取り組んだ米国の教師たちの声である。日本の教師たちは、授業研究から得られるものをどのように語ることができるだろうか。授業の中に何を見つけ、どんな授業を目指すのか、教師自らの姿勢をもう一度問うことが求められている。

◉第三章

教室における対話

授業で、教師と生徒、生徒同士によって時々刻々と生成されていくことばのやりとりは、どのような特徴を持っているのだろうか。また教室におけることばのやりとりにはどのような要因が関与し、それは学習にどのような影響を与えるのだろうか。本章では、授業のデザインを考えるためにも、教室における対話のあり方についてくわしく見てみよう。

一　教室での二つの会話から

まず、小学校二年生国語科授業、物語文「スーホの白い馬」について、担任の小勝れいみ先生のクラスで行われた二回の授業での会話の一部をみてみよう。表3-1のやり取りからどのような違いを見つけられるだろうか。

2月21日「白馬が家に帰ってくる場面」

T	：（Tが音読をした後に本文をさして）この「けれどって何？」
隆子	：白馬はいたけれども、でも、矢がささっていたから、もしささっていなかったら、「白馬がそこにいました」。だから、思った通りじゃなかった。
T	：わかる？　その気持ち。さっきのおばあさんの叫び声を聞いたときは、どういう気持ちだったんだっけ？「白馬だよ」って言われたら。
C	：白馬？　本当？
T	：そうだよね。本当？　ぼくの白馬ってなったのに、そこにいたんだよね。嘘じゃなくて、本当にいたけれど。
良男	：矢がささって、もう死んじゃいそう。
T	：死んじゃいそうっていうところまで、スーホが見たのかもしれないね。想像がつくかな。けれど、汗がたきのように流れ落ちていました。これも、さっき言ってくれたけど、オオカミの時にも汗の表現があったんだよね。覚えてる？
大介	：覚えてる。
T	：おおかみが、あそこに絵があるよね（と教室で前段落の挿絵を指す）。
雄介	：おおかみの前に、どうしたんだっけ。
C	：立ちふさがる。
T	：立ちふさがった時は、どのくらい汗をかいたか覚えてる？
C	：汗びっしょり。
T	：そう、汗びっしょり。でも、今日は、滝のように流れ落ちています。
大介	：全然違う。

C：子ども、T：小勝れいみ先生（子どもの氏名は仮名）

表3-1　物語文「スーホの白い馬」について

2月23日「馬頭琴を創る場面」

T　：どうして楽器にしてと言ったのかな。
太郎：白馬は死んでるし、土に埋められたりするよりスーホのものになって、歌と一緒に楽器とか弾いてほしい。
雄介：白馬は死んじゃってもスーホの所にいたいから、自分で楽器を作ってっていった。
良子：自分の体を犠牲にして、他の羊飼いたちにきれいな音を聞かせたいから。
済夫：白馬とスーホは一緒にいられるんだけど、白馬はでかいから、楽器にしたほうがコンパクトになる。だからずっと一緒にいられる。
T　：お出かけするときとかね。
幸也：普通死んだら、焼かれて骨になって、箱に入れられて、土に埋められたりするから、だからちょっと怖いなあ。骨のままバラバラにされたらいやだから、楽器を作ってスーホと一緒に暮らそうかなと思った。
隆子：スーホは歌がうまいのを、ほかの羊飼いたちと一緒に白馬は聞いていたから、あの歌には楽器も必要だなあと思ったんじゃないかな。
T　：わかる？　そうか、そういうことまで考えていたのかもしれないねえ。
春子：白馬とスーホで、白馬は天国でスーホは地球にいたけど、スーホは悲しくて悲しくて仕方がないから、白馬と同じ世界に行きたくても行かせたら困るから。
T　：だから、楽器になって一緒にいようと思ったのかな。
広美：馬頭琴を作ってもらったら一緒にいられるし、死んでも二人でまた思い出を作ってもらえるから、自分を犠牲にして、楽器を作ってくださいと言ったと思います。
清美：白馬の骨とかを使ってやれば、いつまでも白馬がスーホの隣にいる気がする。
T　：全然違うね。

この二回の会話をみると、最初の授業の会話では教師（T）が発問をし、子どもがそれに回答する形式であり、教師は子どもの会話を受けて補足や評価をしている。これに対して二回目の授業の会話では、教師の一つの発問に対して、複数の子どもたちがそれぞれ考えを語り合っている。

一回目では、教師が準備した読み方に沿って授業が進められているために、教師のことばが授業展開上、不可欠な位置を占めているのに対し、二回目では最初の発問以外は教師のことばが無くても、会話の連鎖が続いていることが読み取れるだろう。また後者の会話の中では、良子が「犠牲」という本文にはないことばを用いているが、それを聴いた広美もまた「犠牲」ということばを使っていることから、相互に発言を聴きあってそれが次の会話につながっていることがわかる。一緒にいられる、一緒に暮らせるという考えを述べたり、他の羊飼いに言及するなど、類似する視点でも子どもたちはそれぞれ自分のことばで語っており、一つひとつの発言も長い。

この授業では、先生は最初の授業後に次のように意識していた。「気付いたら私の焦りから次々と発問をしていて、子どもたちは無理やり引っ張られている印象があったと思う。自分が考えたような授業にならなかったという思いが強く残った。そこで、もう一度、自分自身が納得のいく授業を目指してみようと思い、次の授業では、子どもたちの話を聴くことに徹する授業を試みた」。

二回目の授業では、子どもたちの話への先生の関わり方は大きく変わった。子どもたちの思考を聴こうとする教師の気持ちと、ことばを出すタイミングなど、授業の進め方ひとつで、たとえ同じ教材を扱っても子どもたちの関与も変わり、教師とのやりとりが変わることが見えてくるだろう。

二　教室談話の固有性

発話行為としてのことばと即興性

教室の会話には、学校という制度の下で、教育目的に従って、教材を介してひとりもしくは数人の教師と多くの生徒の間で、限られた授業時間と教室空間の中で交わされる、という固有の特徴がある。したがって教室の出来事に責任を担う教師が、学級の中のやりとりのルールをどのように生徒に伝え、実際にどのような会話を行っているのかに左右されるところも多い。

たとえば前節でみた二つの授業会話においても、「この〝けれど〟って何？」「どうして〝楽器にして〟と言ったのかな」と、教材の内容について、すでに自分なりの答えをもっている教師が、問いの形で子どもたちに向け発した質問によってやりとりが進められている。「どうして言ったのかな」という質問は、その理由を黙って考えなさいというだけではなく、暗黙の裡に、思いついたことを教師に向けて声に出して発言して答えなさいという行為の要求になっている。また、生徒それぞれがその理由を考えるだけではなく、発言者の話を聴くこともこの質問は求めているといえるだろう。声に出して発言することが、他者への要求や質問、依頼といった特定の行為の遂行を求めるこのような発話は一般的に「発話行為（speech act）」と呼ばれている。

このような教室の会話は、時々刻々と進む授業の中で発話される。指導案で書かれた授業の流れは、連続する測定可能な量的時間（クロノスの時間）として計画され記述されているだろう。だが、実際の授業の場で教師や子どもたちが対話し考えながら経験する時間は、「もっと勉強したい」「満ち足りた」「まだ授業が続くの？」「もうこれで十分」といった主観的感覚を伴う質的な時間（カイロスの時間）である。何がどのように話されたかだけではなく、発話と発話の間やタイミングもまた、教室の雰囲気を生み出す重要な役割を担っているのである。

教師が、どれだけ生徒の回答を待っているかという待ち時間に関するローの研究がある。生徒の返答直後に教師が何らかの応答を返すときは、単純な応答や質問を返し、事前に計画した授業プランをそのまま進めることが多いのに対し、わずかな間がある場合は、生徒の反応に対してより複雑な文章が返されるという。そのわずかな間において、教師は生徒の発話から考えて判断をしているのである。また質問に答える順番になっている生徒の学力によっても、質問後回答までの待ち時間に違いがある点を指摘する研究もある。答えられるはずと期待している生徒に対しては、待ち時間が長くなるのである。誰とどのようなやりとりをそこでするのか、ことばだけではなく相手の表情や姿勢、動作などによってこうした判断は行われている。

実際に第一節で紹介した二本の授業のビデオを見比べると、初回の授業の方が、教師が子どもに問いかけたり応答するまでの間が短く、せわしなくたたみかけている感じを受ける。それに対して二回目の授業では、ゆっくり子どもたちのテンポにあわせて授業を進めている印象を受ける。またどの子どもにも、相槌やうなづきをして、子どもたちの反応を同じ重みで受け止めていた。文字にされた授業記録では、こうした情報は捨象されるが、子どもたちとのやりとりのテンポやリズムもまた、授業の雰囲気に大きな影響を与えているのである。

教室での対話は、教師と生徒がともに即興的判断を積み重ね、協働で形成されている。また会話への参加の仕方、やりとりの規範、使用する語り口の型などが日常の他の場面とは異なっている。一人が発話する間、残りの生徒はその生徒の発言を聴くこと、生徒たちはその教師の教育的意図にもとづく発話行為に従うという暗黙の規範に沿って、談話に参加していることも忘れてはならない特徴である。

聴きあい応答する声と分かちあう関係の形成

この即興性は他者の発話への応答によって形成されていく。教室でのコミュニケーションを、キャッチボールと表現するのは、情報が導管の中を往来するようなイメージで理解する伝達のモデルとしての捉え方である。しかし実際には、発したボールは受け手ごとに、それぞれ異なるものとして受け止められる。またそのことばに対する応答は、その他者の発話を理解したうえでの応答であり、ひとつのことばをとりこみさらにそれに応えることばを対話の相手に宛てて語る腹話術のようなものであるという考え方がある。ヴィゴツキーやバフチンなどの流れにたつ社会文化的アプローチからの捉え方である。ことばという道具で、相互にやりとりすることを通して、他者の考えやことばが半ばわがものとして内化されるのである。このように精神の内的な過程として、教室における対話と学習の関係を考えることもできる。

図3-1はことばを介して私たちが対象を理解していくことを図示したものである。つまりそこでは学習とは、半ば他者のものであることばをわがものとする過程であり、教室での対話はその過程としてとらえることができる。この過程は、アプロプリエーション（領有）と呼ばれる。

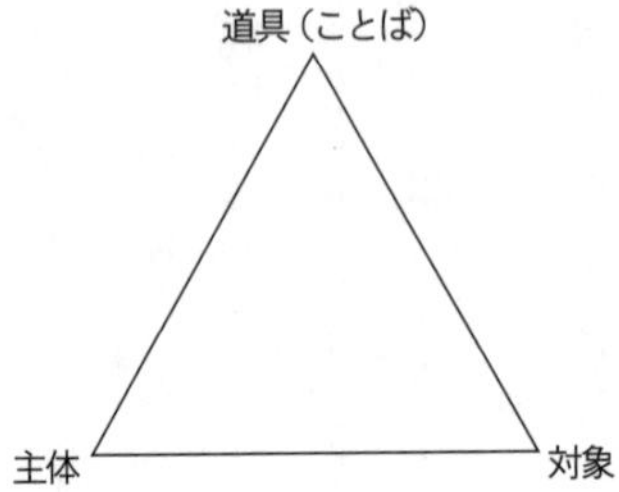

図3-1　主体と対象との間を媒介する道具

「ことばの中のことばは、なかば他者のことばである。それが〈自分の〉ことばとなるのは、話者がそのことばの中に自分の思考とアクセントを住まわせことばを支配し、ことばを自己の意味と表現の志向性に吸収したときである」（バフチン、一九九六）

教室談話では、子どもたちが他者の考え方、ことばをわがものとして、自分のトーンや思いを乗せて語る姿は、間接話法で現れる。表3-2の会話は、ジェームズ・

教師：	①はい、マッチャン。
マッチャン：	②えっと、ミエがさっき言った意見についてです。（黒板に向かって歩く） ③ユウコが前にいったように、なんかこういうときに（シーソーの絵を描きながら）ユウコがこっち側に座って、……うーん。 ④ユウコの妹がここに座ったと考えたでしょ。 ⑤それで彼女（＝ユウコ）は、ある程度のバランスをとれると言ったでしょ。 ⑥もしそうなら、ミエがいったように……えっと例えば、ユウコがここに座ってユウコの妹がここに座っても、または、ここでもここでも、（＝シーソーの中心から近いところや遠いところで）ぜんぜん違いがないことになるの、あの（ミエの）意見では。 ⑦だからそれ（＝ミエの意見）は違うと思います。

表3-2　アプロプリエーションの例（Wertch&Toma, 1995; 村瀬, 2004）

ワーチと當眞千賀子によって紹介された日本の小学校理科の授業での、アプロプリエーションの例である。

マッチャンは、ミエとユウコの意見を引いて、自分の考えを述べている。より深い議論や理解のために、他者のことばを仲立ちの道具として使用しているのである。しかしミエを引用しながらもそれを支持しているのではなく、さらにユウコのことばを取捨選択して引用し、自分のトーンにそのことばを載せて使用することで、考えを深めている様子がわかる。またこのとき、②にあるように黒板が使用され、話しことば、書きことばを併用したアプロプリエーションが生じているのである。

このように他者のことばをわがものとして間接話法で引用する際には、目的に応じて取捨選択がなされ、相互にとりこみあって理解が深まっていく場合と、単にそのことばをそのまま借用するしかない場合とがある。専門用語や権威者が使用する「権威的なことば」は、後者である。自分と他者の関係は権力的な関係であり、承認と受容の関係しか生まれない。それ以上そこに自分の考えやことばが載せられることはない。単にその人のことばが独白（モノローグ）として存在するだけであるともいえる。一方、前者は自分と他者は対等な関係であり、自分の中でさらに対話と応答がなされていく開かれたことばである。このようなことばが話されているときには、発話者だけではなく、その場にいる応答者である聴き手の役割が重視される。異質な他者の思想やことばと内的に対話することができることばを「内的説得性のあることば」とバフチンは呼んだ。他者のことばに付け加えをしていくことで、なかば他者のもの、なかばわがものとして教室の中で共有され、それぞれの子どもたちの内的対話が可能になる。そのようなことばが教室では求められているのである。

たとえば発言の声が小さい子どものことを考えよう。多くの教師は、大きな声で発言するよう発言者を注意指導する。しかし社会文化的アプローチから捉えれば、応答する側との関係性が見えてくる。声が小さい子どもを一年間観察することから、教師が「大きな声で発言することを求める」という本人の発言能力への指導をするのではなく、「面白い話だから聴こう」と聞き手の子どもたちの側に、発言児童との関係性へ注目させる配慮をしていくことによって、その子どもの発言が変化していくことを明らかにした本山方子の研究がある。誰に宛てて何を話すのか、それは話し手聴き手にとってどのような意味を持つのかということが、発話の声の大きさや教室にいるほかの子どもたちの聴き方に影響を与えるのである。このことは集団の中で聴き手を演じることが求められる教室では、とても重要なことである。声はまさにその人のアイデンティティ、その物事に対する関与のあり方を示すものと捉えなければならない。

教室での談話は、学習のためのやりとりを行う知的営みであると同時に、対人的関係を形成するという社会的営み、学級内でのその子どもの自己を形成するという実存的営みの三つの側面を同時に兼ね備えながら進行する。学び手としての子どものアイデンティティは、発言や行為がどのように受け止められるか、何を誰に宛てて話すことがどの程度ゆるされるのかによって、形成されていく。民主的な教室を実現するためには、それぞれの子どもの発言が同じ重みで受け止められ、聴きとられることが求められる。

そして他者の考え方を共に吟味していくことによって、教室という公共空間で知識が構築されていき、そのやりとりを通して、共に探究する談話コミュニティが形成されていくのである。

コミュニケーション(communication)、コミュニティ(community)の接頭語であるcommunisは、わかちあうという意味である。ことばだけではなく、それによって知をわかちあい、学びあう集団としての一体感を持つことが教室のコミュニケーションに求められるということができるだろう。

三　教室での対話を捉える視点

授業の展開構造と発話連鎖

授業における対話には、一定の構造がある。一般的な授業談話の展開構造を表わしたものが図3-2である。メーハンは「導入—展開—まとめ」の各場面段階において「開始（Initiation）－応答（Reply）－評価（Evaluation）、IRE」の発話連鎖があることを指摘し、その連鎖単位が実際に誰によってどのように形成されるのか、「I－R」、「I－R－R－R」などの連鎖パターンに注目することによって、各学級やその授業者と生徒の相互作用の特徴をつかむことができると指摘している。本章冒頭の二授業の会話の差もこの「I－R－E」の構造の違いが示されているといえる。

　多くの教室では「I－R－E」のIを教師が担うことが多い。しかしニストランドらは教室内で活発な議論が起こるためには、教師があらかじめ答えをわかった質問で授業を進めるだけではなく、答えを知らない「本物の質問」

図3-2　授業談話の展開構造（Mehan, 1979）

事象	授業					
段階	導入		展開		まとめ	
タイプ	指示的	情報的	話題群 誘発的	話題群 誘発的	情報的	指示的
組織	I-R-E	I-R-(E_0)	I-R-E I-R-E	I-R-E I-R-E	I-R-(E_0)	I-R-E
参加形態	教師 ― 生徒 ― 教師					

（authentic question）を投げかけたり、他の生徒の発言を踏まえた質問、そこからできてきた質問（uptake）をしたり、また生徒の回答にコメントをするような評価や質問をすることも必要であると指摘している。実際の教室ではこのような質問は、教師からだけではなく生徒からもきわめて少なく、教師からはテスト的な質問が多いことも明らかにされている。

また教師からの質問のみならず、生徒の回答に対して、教師や参加している他の生徒たちがどのように対応するかもまた重要なポイントである。教師が生徒の発言に対してどのように応答し評価するのかをみて、生徒たちはその教科の議論の仕方、ものの考え方を判断している。教科の内容を学ぶだけではなく、その学習のあり方を通して教科の語りを学んでいくのである。また友人が議論でよく使う言い回しを、自分も利用してみることで仲間同士でも学びあいが生じる。「なぜなら……から、要するに……となる、つまり……である、したがって」などと根拠を述べ結論を正当化する言い回しや、「それは……の場合には当てはまる、それが成り立つには……」など結論が可能な範囲を限定する言い回しは、教室の中でよく使われるものである。こうした議論についての表現やその機能、どのようなときに用いたらよいのかも、子どもたちは仲間と協働で議論しあう過程の中で学んでいくのである。

談話への参加構造

先に指摘したように、教室談話は「I－R－E」の構造を持って展開していくことが多い。四十人もの多数の人が互いに目標や会話内容を共有していく一斉授業では、ひとりの話し手がその場で話すことが、他の聞き手により承認されること、大勢が同時に話さないことが大前提となっている。そのような談話のルールに注目すると、ひとりの発言が終わるとどのようにして、誰が、次の話者として交代し発話のターン（番）をとって参加するか、いつ誰が誰に何を言うことができるかについての権利と義務の形態として、授業を見ることができる。この見方に立てば、協働学習やペア学習に学習形態を変化させることは、談話への参加の様式を変えることであり、学習への参加構造を変えるものであるという見方もできる。

図3－3は、シュッツらが談話における役割の変化を「会話フロアのパターン」という概念によって示したものである。一斉授業では通常ⅠやⅡのタイプを取ることが暗黙の了解となる。

TIMSS（国際数学・理科教育動向調査）によるビデオ研究では、中学校数学ではどの国でも、教師は授業中に生徒の約八倍、話をしているという報告が出ている。これはIのタイプが授業形態の中心となっていることを示しているということができる。

通常は話者が交代するときに、話者の発話が終わるまで待つのがルールである。しかし待たずに割りこむ形で優先的立場にたつ応答発話もあれば、応答までにしばらく沈黙があった

図3-3　会話フロアのパターン（Schulz, Florio, &Erickson, 1982）

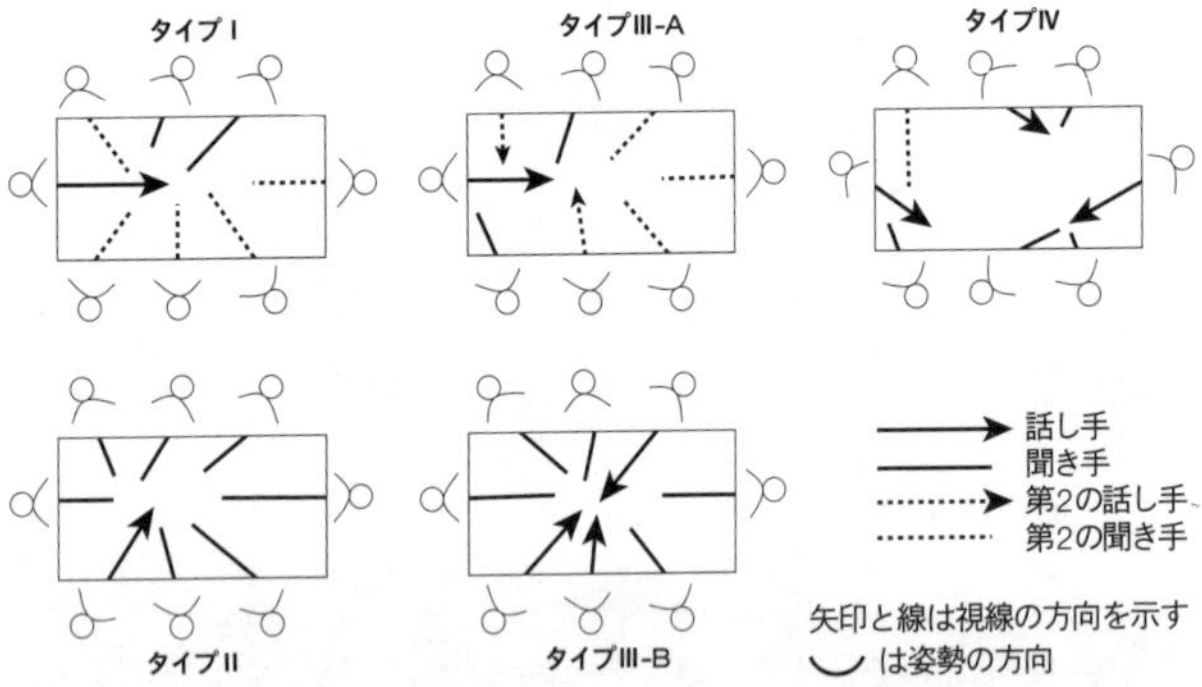

タイプⅠ：参加者の一部が話をし、他の参加者はそれを妨害することなく聞く。
タイプⅡ：ひとりが話し手となり、他の参加者はわずかに応答しながら聞く。
タイプⅢ-A：主要な話し手が話し、その間他の参加者たちも口を挟むが、話し手はそれに応答する必要はない関係。口を挟まず聞くだけの者もいる。
タイプⅢ-B：主要な話し手が話し、口を挟んだ他の聞き手がそこから話し手となる。元々の話し手はやり取りを続けるか、聞き手にまわる。
タイプⅣ：タイプⅠ～Ⅲの参加者関係が、同時にあちこちで起きている状態。

り、「あの」「ええー」といったマーカーや「よくわからないのですが」といった条件節の前置きを行い、相手に対して非優先的な立場をとる発話もある。このように、談話中のやりとりに参加者間の社会的な力関係は現われるものであるが、談話中のミクロな過程の中で力関係は生成されていくとも言える。

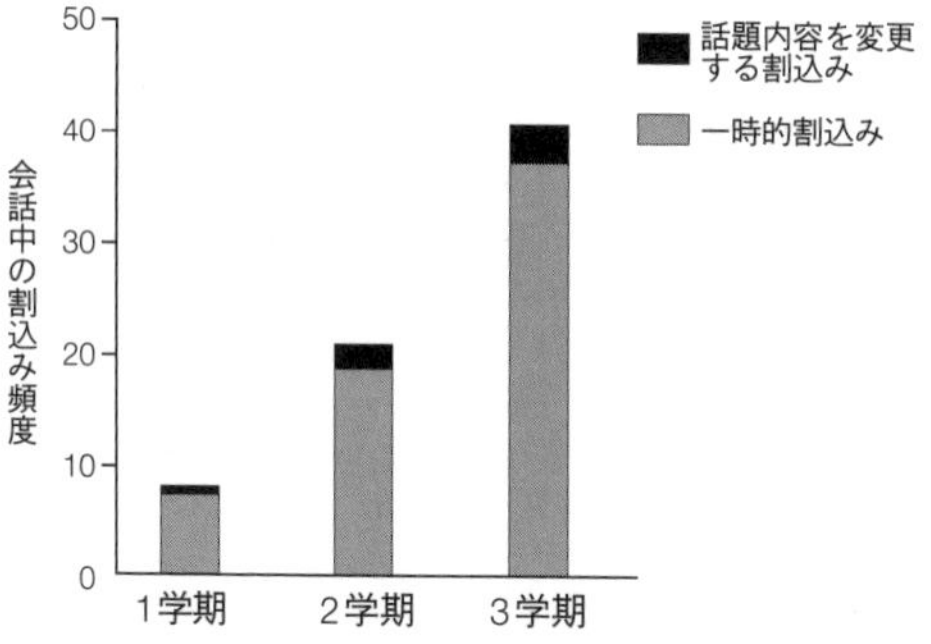

図3-4　相手の発話への割り込み（秋田・市川・鈴木, 2001）

図３‐４は、小二のある一学級において、朝の会で相手の発話が終わる前に他の人が発話を始める割り込みが生じる頻度が、一年間の中でどのように変化していくのかを筆者らが調査したものである。割込まれた箇所をビデオから同定し、その種類も検討した。同じ割り込みでも相手の話題を全く違う話題に替える割込みと、一時的に中断する割込みがある。たとえば声が小さいのでもっと大きな声で話すよう途中で指摘したり、自分に不利益な話題が生じたときに、途中で割込んで弁明

しようとする割込みは後者になる。この学級では後者が多い。また同一学級でも年間を通してみると、学期始めよりも、学級内成員の力関係が固定化していく二、三学期に、談話中の割込み頻度は増加し、割込むことの多い子どもと割込まれることの多い子どもというように社会的な力関係が、会話への参加の仕方に固定化して現われてくるのがわかる。

教室談話は、会話フロアを形成して進行するが、実際は一つのフロアだけが形成されるのではなく、席が近くの友人と小声で話すつぶやきが生じることも多く、教室の中で多層的に形成されることが多い。このつぶやきこそ、一人ひとりが学びに関わろうとして、声を出している場面である。さまざまな「声」が交錯する場として教室の談話は成立していることに目を向けていきたい。

そして教室に複数の会話フロアが形成されているときには、それを一つの会話フロアへと切りかえるために、教師は話し始めに「じゃ、じゃあ、いい?」と言いよどむ「リスタート」や少し黙ってポーズをとったり、「はい、こっちをみてー」と少し声のピッチをあげたり、イントネーションの変化などを用いて場面の転換を図っているのである。

さまざまなことば

多層的な場であるからこそ、そのときの状況に応じて、教師も子どももことばの使い方を自然に使いわけている。教室では「です、ます」調の共通語によるフォーマルで敬体の語り口が、一般には学校のことばとして求められる。しかし実際には、小学校入学時をみるとよくわかるが、表3-3に示されているよ

表3-3　教室談話の事例（茂呂, 1991）

515教師	よしてる君どおげだっげ
516よしてる	おさえっけ[風に押されるの意]
517教師	おさえっけ
518りつ子	んでの／おしての……／はずえそうなっとの／……したさこうなって／こげしてや……あ／(笑い)[風に向かって歩く身振りを交えて]
519Cn	(笑い)
520教師	向かい風
521りつ子	何回もみんな他の人とかくるから／そこやあ／氷みてにつるつるになって／それですべって
522Cn	(口々に)
523教師	はい／じゃあ／はなしやめ
524Cn	し……[声を合わせて]
525教師	向かい風のときは／向かい風のふぶきのときはどうですか
526Cn	(小声で答える)[聴取不能]
527教師	だれか手えあげていってくんねかなあ
528りつ子	いで／顔面さあだっていで
529教師	はい／手を挙げていう
530ゆう子・りつ子	(挙手)
531教師	ゆう子さんとりつ子さん／どうぞ／はいゆう子さん
532ゆう子	顔に雪があたって冷たくていたいです
533教師	冷たくていたいっていったけの……／はい／りつ子さん
534りつ子	あんまり冷たすぎで何か感じなくなってしまう

うに、「です、ます」調の語り口とインフォーマルな常態の語り口の切りかえが行われている。この切りかえは、自分の経験を語るのか、より一般的なことを語るのか、あるいは学習者としての自己と学習内容との関係、誰に宛ててそのことばが発せられるのかという聴き手と自己の関係などによって、状況に応じて行われる。教師たちはそれを敏感に感じ取ることで、子ども自身が自由に自分のことを語る場面と、学問の用語を的確に使用できるように指導する場面などをきりわけていくのである。

ダグラス・バーンズは、教師の知識に対する見方、学習の目的に応じてことばのモードが異なることを、最終稿（presentational talk）と探索的な語り(exploratory talk)という二つの語を用いて説明して

図3-5　教室における知識・コミュニケーション・学習の関連性

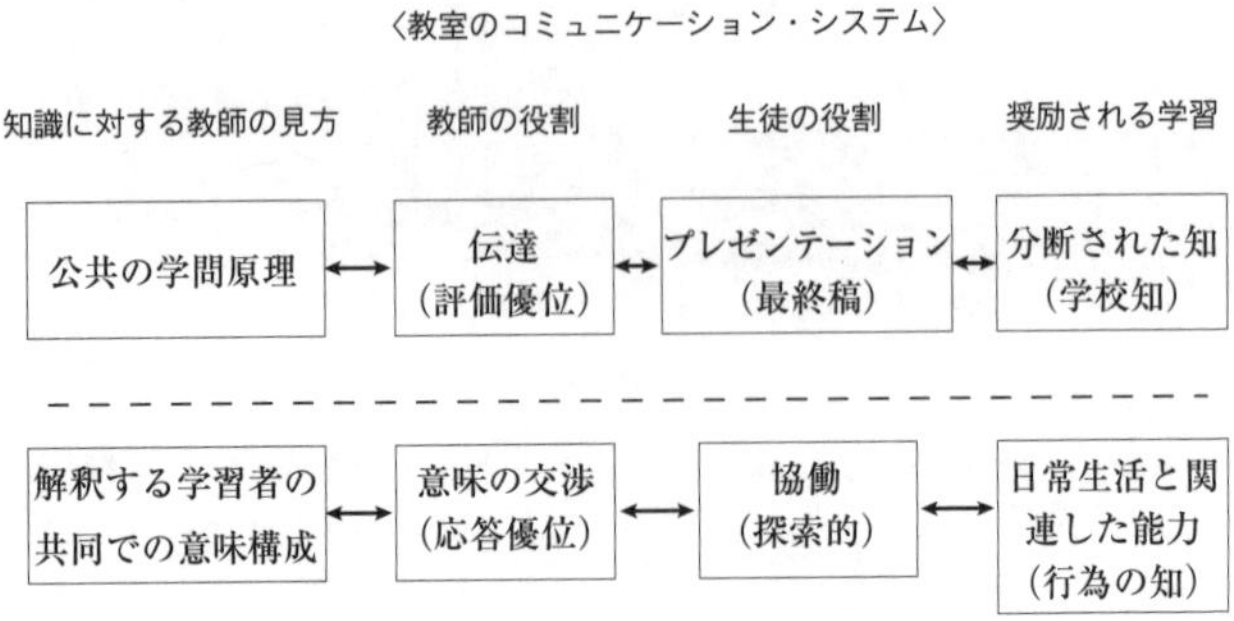

いる。図3-5は、その二つの有りかたを示したものである。

伝えることが授業の中で優位となれば、教師の仕事は生徒の答えを評価することとなり、生徒はきちんとした答え（最終稿）を提出することを重視する。この場合には学校知という点では適切に学習されているといえるが、生活とのつながりや、より高次な探索は生じにくいだろう。一方授業を、相互に生徒の考え方を解釈しあって自分たちで知識を構築していく過程と捉えるときには、教師はこの意味の交渉を組織し、生徒が協働しあって応答することをコントロールする役割を担うことになる。この場合には生徒は自分の考えを仲間の考えを聞きあいながら作り出していくので、ときにはたどたどしい探索的なことばを使用することになるだろう。しかしそれは日常生活に根ざした知を得たり、教科内容をより高次に探究することにもつながりうる可能性を秘めている。

この対立的なコミュニケーション様式は決して両立しない二項対立ではない。しかしながら、しっかりハキハキ発言をする会話の場面では、生徒がたどたどしくも深くその場で考え発言しようとしていることばを見失う危険性があることを教師は自覚していることも必要だろう。

理解を深める教師のことば

生産的な会話を行うためには、会話が連鎖し精緻化されることが必要である。数学における教室談話と理解の関係を調べているポール・コブは、教師の発話には、計算の仕方や手順、スキルを中心に語る「手続きの談話」と、内容に関する証拠や理由、裏づけを語る「概念の談話」があり、数学の理解は後者においてより深まっていくことを指摘している。

一時間の授業をみると、学習の中身の会話より、学習の活動や作業の仕方など手順の指示やそれをできない生徒への指示が多い授業と、いわゆる学習内容の中身が大半を占める授業がある。そして後者の中でも、A復唱して「つまりあなたの言っていることはこういうことかな?」と教師が繰り返したり、B「彼の言ったことを自分のことばで言ってみてくれる?」と生徒に復唱してもらったり、C他者の発言と関連づけ推理するように、「つまりあなたは＊さんに賛成なの? 反対なの? そのわけをきかせて」と言ったり、Dさらにその内容について皆に参加して精緻化するべく「つけたしする人いない?」と促したり、E考えるために待ち時間を活用して「もうちょっとそのことについて考えてみてくれる?」などのことばをかける会話が、生徒の思考を深める生産的な思考の手立てであると言われている。これらは総称して、リボイシングと言われる。復唱や、言いかえ、要約、精緻化、翻訳、引用、正当化などの行為である。話しことばだけではない。板書などの書きことばでも、リボイシング機能は適宜使用されているし、教師だけではなく生徒相互においても行われていることもあるだろう。

教師の信念が、子どもの教室談話への参加の仕方を左右することを、米国でネーザンとヌースは、中堅教師の二年間の変化を追って検討した。そこで研究されたのは、子どもが議論をリードする教室を作りたいという思いを教師が持っている事例である。この思いによって、多くの子どもが発言に参加する足場は形成できた。しかし、算数授業で扱う基本概念を子どもが理解する点では、正確な概念理解が減少していった。「はい回る話しあい」と呼ばれる現象が原因だったのだ。これをみてこの教師は、授業の仕方を変えた。子どもの発言をそのまま復唱したり言いかえていた教師が、数学的に重要な内容や用語に注目したリボイシングをするよう変化していったのである。

教師が子どもたちへの参加を促す際に、「＊＊さんの意見に付け足しでどうかな」

「＊＊さんの発言を聴いてどう思う？」と子どもたちの関係をつなぎ、参加を促す「社会的な足場かけ」と、「いま教科書のどこのことをいっているのかな」「この図のこの部分についてAさんは……といい、Bさんは＊＊といっているけど、どっちがこの場合には正しいかな」などと特定の教科内容、教材理解へとつなぐ「分析的な足場かけ」が行われる。生徒同士のやりとりをつなぐのみではなく、教材やその教科の概念と子どもの発言をつなぐ分析的な足場かけが理解を深めるには重要なのである。

クラス全体で、小グループで、ペアで、とさまざまな形での会話のやり取りが授業でデザインされていることで、生徒は他者から考えを取り込んだり、自分の考えを吟味評価したり、他者の思考を引きあいにしながら、より深く理解し直していく。分析的な足場かけとともに、教師がこの機会を設定することが大事なのである。

子どもの思考を促すという視点から教室談話をみると、いくつかの段階に分けることができる。

第一段階は、教師が発問し、一人の生徒が答え、その回答の成否に焦点があてられて、教師の説明や質問で授業が進められるというT－C（教師－生徒）連鎖によって形成される談話である。この場合には、生徒は自分で問題を解くときには思考するが、後は答えがあっているかどうかを気にするだけになる。第二段階は、指名した生徒の答えの背景にある思考や解き方を、教師が吟味して話すようなT－C談話である。ここでは教師の説明によって、生徒は他の生徒の説き方をことばで理解することができる。だが、自分の解き方と関連付けて考える場合と比べれば、受け身になりやすいといえるだろう。第三段階は、生徒たちの発言を通してできるだけ多様な考え方をとりあげ、教師が整理し、生徒がそれらを吟味できるよう組織化していく談話である。一つの課題を一方法で解くだけではなく解法を吟味することで、解法過程を再度理解しなおしたり、比較することができる。そして第四段階は生徒が自分の考えを正当化したり、相互に質問したり援助することによって、授業が進められる談話である。このためには、生徒たち自身が授業での話しあいには、どのようなタイミングで何を話しあえばよいかを理解している必要があるだろう。

集団で課題を共有し、具体的状況のイメージを図式化や言語化して、共有したり説明したりしあうことで、わかっていると思っていた内容の理解を深め、わかり直す過程は「立ち戻り（folding back）」と呼ばれる。わたしたちは授業を、先に進めるものととらえがちである。しかし、行きつ戻りつしながら、理解を深めていくことが大切である。教室談話は、その立ち戻りにも有効に機能している。また談話は、日々交わされていくものであるがゆえに、生徒が持つ教科の学習観や学習の質に大きな影響を与えることになる。

四　談話と学習

教室での学習過程

子どもたちは談話を通して、どのように授業の内容を理解していくのだろうか。実際の学習過程をくわしく見てみよう。

一度学んでも、表層的にしか覚えていない知識はいつの間にか忘れたり、必要な時に活用することができない。これは知識の剝落現象と呼ばれている。教師が教えるべき知識を伝達しても、学習者である生徒の方が、既有の知識と新たに入ってくる情報を能動的に統合し、基礎となる原理やルールを自ら見出したり、新たな考えを評価したりしながら、自分の理解や学習の過程を振り返ることがなければ、カリキュラムをこなしただけで、深い理解に至ることはない。深い理解のためには、教室において仲間や教師と議論しながら知識をつくり出したり、その議論の論理を批判的に検証することを通して、生徒がその対話過程に能動的に参加することが必要である。この点で教室談話は重要な役割を果たす。

図３−６は授業観察研究から、教室の経験がどのように個人の頭の中で処理されるかをモデル化した図である。生徒はそれぞれ自らの知識を長期記憶に蓄えており、教室で授業に参加する経験から新たな情報をとりいれ、それを取捨選択したり、すでに持っている知識と総合したり評価したりしながら、新たな概念として蓄えていく。この

図3-6　授業での経験が個人の作動記憶内で処理される方法（Nuthall, 2000）

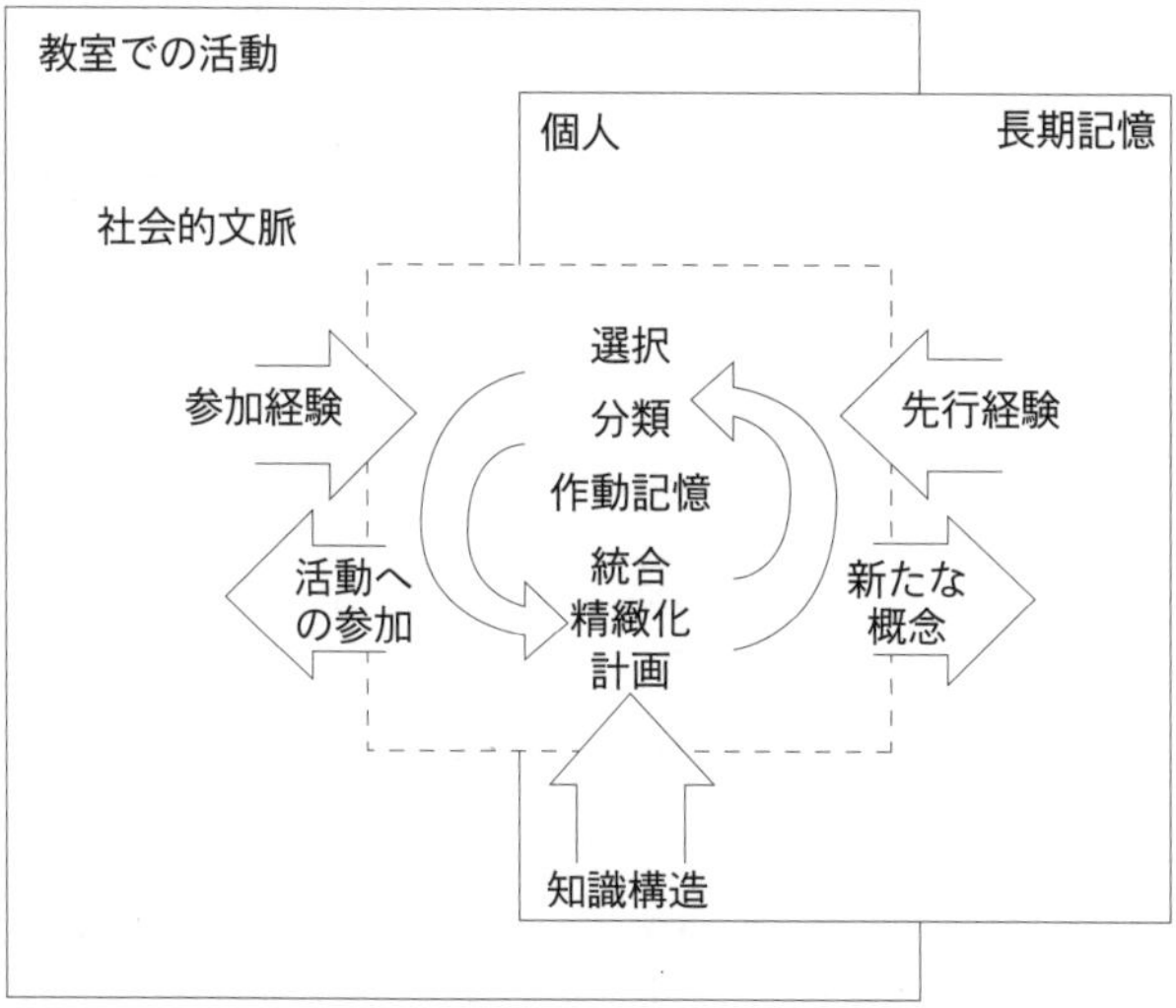

T	：	公民というのは、大人になるための準備。こんな言葉、知っている？ （黒板に「公園」と書く）　こんな言葉知らない人いないね。これ、公？ 公園だからだから公園の公っている字はどういうふうに読む？
C	：	おおやけ おおやけそうだ。おおやけって、イコールみんなの広場だから、公園ね。
T	：	公民っていうのは３年生になったら公民というのを習うんだけれど、 公民というのはみんなの？
C	：	住民？
T	：	うん、みんなの住民、ま、国民としておこうか 市民
C	：	住民ね、みんなの住民。

表3-4　「公民」科目の説明（秋田・村瀬・市川, 2005）

過程で、生徒は教室全体の公的な談話への参加、仲間との私的なつぶやきや応答、ひとりでのつぶやきなどさまざまな形で談話に関与する。結果としての学習の個人差は、既有の知識と参加の仕方によって生まれてくると考えられる。

子ども同士がお互いのことばを取り込むだけではなく、教師もまた子どものことばを取り込み、復唱して返すことで、授業への参加を促している。表３‐４は中学校一年公民を始めて学ぶ生徒に科目の説明をしている社会科の授業場面での会話である。

ここでは、生徒のつぶやきである私的ことばを、教師が引き上げ、公的なことばにすることで、生徒たちの参加を引き出している。筆者らは同一教師が教え、入学時の試験成績は同じだったにも関わらず、一学期半ば以後、生徒の学力や成績に相違があった二クラス、Y組とZ組での教室の会話を分析した。表3－4はZ組の会話である。Z組の方がどの科目においても生徒の学力が高い。この組の教室談話では、Y組よりも明らかに生徒の参加が多かった。教師の説明は、生徒が質問したり言い換えることによって精緻化され、意味の理解が進んでいくことを示していると考えられる。Z組ではさまざまな教科の学習で、このように言い換えによって理解を深めるということが行われていたのである。

聴くことによる積極的な参加

一方、同じ教室で同じ教室談話を共有していても、生徒ごとに成績が異なるのはどうしてだろうか。

同じ授業に参加していても、生徒それぞれの参加の仕方によってその授業の理解には違いがある。授業での話し合いの記憶を授業後に調べ、発言頻度との関係を分析することから、発言はするが重要な内容を覚えていない生徒や、発言しないがよく聞いており記憶して授業内容にとって重要な発言を覚えている生徒など、生徒にはいくつかのタイプがあり、多様な参加を行っている点が明らかになっている。この点はフェルナンデスらが示した図3-7の枠組みで考えることもできるだろう。授業の展開について知っていた知識と実際の授業での発話連鎖から入力される情報と、学習内容についての既有の知識によって、生徒には授業の出来事表象が形成される。この表象をなかだちにして授業内容の学習が成立する。同じ授業に参加しても、高学力で、授業内容について既有知識を多く持っている生徒は、授業の要点をよく聞き覚えているのに対し、低学力の生徒は聴き取れていない。授業の中で何が重要かを理解していくためには、あらかじめの既有知識が影響を与えているのである。

生徒がその教科内容について持っている知識や方略とともに、その談話をどのように聴いているのかも学習に影響している。小学校理科での仮説実験授業において、

図3-7　授業からの学習過程

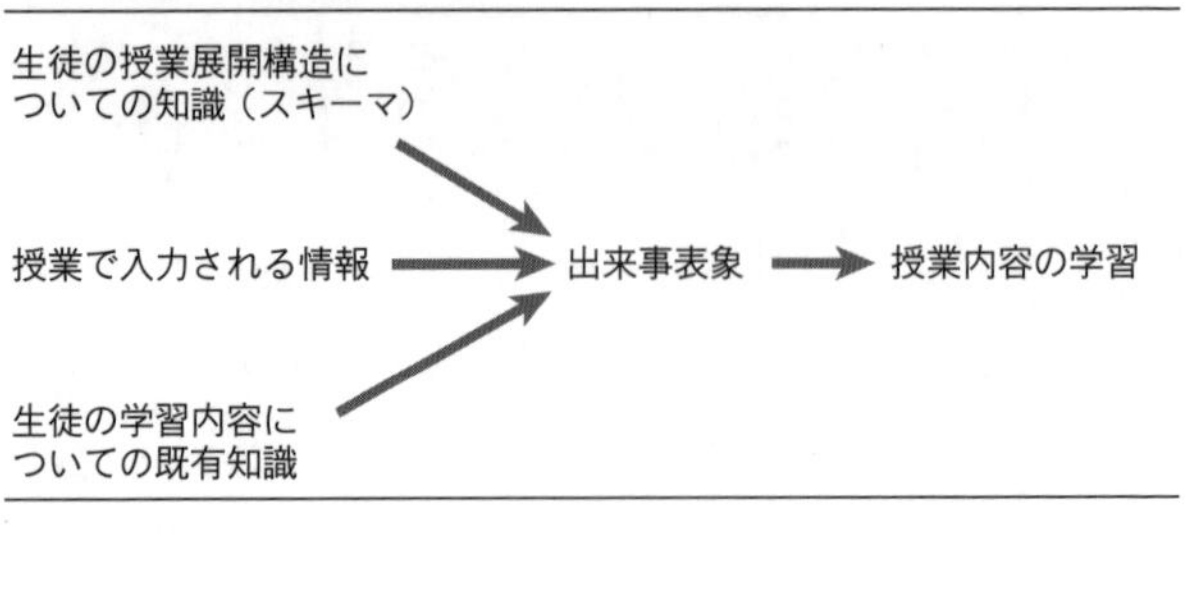

授業中の発言の有無、仮説の支持の有無、授業内容の再生理解得点との関連を調べた研究がある。これによると教室内の少数派グループでは発言している生徒だけではなく、発言していなかった生徒でも理解が進んでいるのに対して、多数派グループでは発言していない生徒の理解得点は低かった。このことから徒党性、すなわち自分がどのようなグループに所属しているのかという意識が高いことが重要で、徒党意識があれば発言しなくても聴いているだけでも十分に学んでいることが示されたのである。

また討論場面のある授業での生徒の発言と概念的理解の関係を、算数の授業で検討した藤村宣之らの研究もある。この研究では、非発言者も発言者と同様に理解を深化させていることから、授業で発言しない生徒のなかにも、自己内対話では討論に主体的に参加し、自身の理解を深めている者がいることが明らかにされてきた。一方、発言者の中でも、討論場面で解法の意味や評価に関する発言を行った者は、授業後に算数の解法で精緻な方略を多く用いるなど、発言の内容によっても概念的理解に違いがあることも示されている。そして生徒の多様な方略を討論場面に活用した授業では、そこで示された解法の意味を理解して自身の方略として使えた場合や、解法の意味などに着目した発言を行った場合に、授業後の概念の理解が深まっている。

つまり、教室での討論や談話という他者との対話から、さらに自己内対話を行い、自分の理解をモニタリングしたり精緻にしていくことができる聞き方をしている子どもが、深い学習に至ることができるのである。

聴くことが苦手と教師からみなされている生徒を観察した一柳智紀の研究からは、その生徒の会話がすべて教師だけに向けられており、他者のことばを取り込むことができず、いつも教師のことばにのみ反応することで教師に受け入れられるようにしようとしている姿、つまり聞くことによる自己内対話に困難を抱えている姿が示されている。

バフチンは、ことばは「聴き手」に向けられるが、「聴き手」もまた何らかの形で返答を行う「話し手」であるといった。また「話し手」は、返答を期待される「聴き手」でもあるのだ。「ことばの内的対話」の二つの側面として、対象について語る他者のことばとの対話と、まだ存在していない聴き手の応答のことばとの対話がある。「聴き手」がどのように他者のことばを聴き取り応答するのか、そこには自己内対話のある「積極的な理解」と返答のない「受動的な理解」という、二つの理解が存在し、それにより語られることばは異なってくるのである。

相手の言ったことをただ受動的に理解できるというだけではなく、その声を取り込み、応答し、再び聴き手に届けていくことで学習は深められる。この意味では発言者だけではなく、聴き手側の聴き方によって学習の質は規定されるともいえるのである。教師に求められるのは、聴き方の態度の指導だけではなく、内容を自己の理解、発言のつながりの中でいかに関連付けて聴き取ることができるのか、そのような聴く力の育成である。聴く力の育成には、一柳が指摘しているように五つの段階を考えることができる。

〈聴く力育成の五段階〉

A　態度：正しい姿勢を取れる。話し手に向く姿勢がとれる。自分の言いたいことを抑え、まず他の人の話に耳を傾ける。

B　発言の客観的な理解：内容を正しく聴き取る。ことばの間違いに気付く。

C　話し手に寄り添う：話し手の気持ちに共感的になる。話し手の発言の背景を考えられる。話の内容を思い浮かべながら聴く。自分の持っている知識に固執しない。

D　発言の文脈に即した理解：話の要点を捉えられる。話し手の内容をそれ以前の話と関連づける。話の先をある程度予測して聴く。

E　自分の考えと批判的に結びつける：話し手の話しから新しいことを発見できる。自分の疑問と照らしあわせながら話を聴く。自分の考えと内容の相違を捉えられる。聴いた内容でわからないところを明確にできる。自分の言いたいことをより明確にできる。

聴く力の育成には、教師自身が教室のことばを聴きわける耳を持ち、学習に関わる生徒の声をいかに丁寧に聞き取ることができるかが問われているといえるだろう。石井順治先生が、聴ける教師の姿として述べられているのは以下の十点である。

1　子どものおしゃべり、話しかければやみますか
2　あなたの話、子どもたちは本当に聴いていますか
3　子どもの目をみて話していますか
4　話しながら自分の声が聴こえますか

5　長い話、くどい話になっていませんか
6　教師のことばがほとんどの授業をしていませんか
7　聴きやすい話し方ができていますか
8　子どものことばを待てますか
9　子どもをみて話を聴いていますか
10　発言のつながりが聴けていますか

教師がこの聴く姿勢を示しながら授業を行い、生徒もまたよい聴き手として育つときに、ことばと学習は深く結びつき、聴きあう談話コミュニティが教室に形成されていく。

本章では教師、子ども同士のことばのつながりに焦点を当てて考えたが、言うまでもなく、書きことばなどで記された教材との自己内対話も重要である。次章ではこの点を考えていこう。

教材からのたしかな学習

たしかな学習のための授業デザインには、重要なことが三つある。

第一に学習内容への生徒の興味や意欲を喚起すること、第二に学んだことが定着し、次に使えるように深く学ぶ機会を保障し、学び方を学べるようにしていくこと、また第三には自分の学習過程を振り返ったり、次の学習への見通しを持ったりできるようにすることである。こうしたたしかな学習が成立する過程について、本章では学習者の心理にそって考えてみたい。

一 興味や意欲の喚起

興味を規定するもの

「学びあいが始まってから、なぜだかわからないけど遅刻が減りました。なぜだかわからないけど欠席も減りました。なぜだかテストの成績も上がりました。なぜだかわからないけど笑顔が増えました。なぜだがわからないけど学校が楽しくなりました」

これは、深沢幹彦先生が熱海市立多賀中学校の校長先生だったときに、生徒が授業評価のことばとして書いたものである。学ぶことへの意欲によって、学校生活が変わっていく様子を読み取ることができる。

「学ぶとは頭につめこむことではなく、心に灯をともすことである」（イェイツ）、「平凡な教師は言って聞かせる。よい教師は説明する。優秀な教師はやってみせる。しかし最高の教師は子どもの心に火をつける」（ウィリアム・ウォード）など、昔から意欲の火を心にともすことこそが、生徒が自ら探究し深く学ぶことの出発点と言われている。「目が輝いている」「生き生きしている」「あっという間に授業時間が終わってしまった」といったことばで語られる状況は、教師も生徒も期待するところだろう。学ぶことへの欲求は、人間が本来持っている成長への欲求であり、学ぼうとし続けている限り、ひとは成長し続けていくことができる。

ひとは幼い時から、自分にとって新奇な情報、複雑すぎず、単調すぎないほどよい複雑さと適切な量を持った情報に対して、興味を持つことが乳児の発達研究からも知られている。興味には、「私は英語に興味がある」というように、ある特定の分野やトピックに対する、比較的安定的な「個人的興味」と、そのときの授業の教材や先生の話が面白かったというような「状況的興味」と呼ばれる興味がある。ある学習場面が面白いと感じられるような状況的興味は、生徒個人とその学習状況の両方が影響しあって生じる。

さらに、そのとき興味を持った内容に似た対象に、強い興味を持つ経験が繰り返されると、状況的な興味は個人的な興味として内面化し、比較的継続するようになる。つまり、あの先生の授業はいつも面白いという感覚がやがて、その教科は面白いとなっていくのである。

また、はじめは受動的に注意を惹かれるだけだが、やがて自分で注意関心を払ってその事柄の情報を集めるようになり、その経験が積み重なることで、一層個人的な興味が生まれることになる。そしてそこには自己認識も生まれる。私は「＊＊が好きだ、関心がある」「＊＊に詳しい、得意だ」と、個人的興味と自己の特性を関連づけることによって、さらに安定的に個人的興味は強まっていく。そして新たに得た情報を、すでに知っていることと意識的に関連づけて、より深く意味処理をしようとするようになる。そしてそれがさらに次の情報への興味を喚起するという循環が生じていく。だからこそ、その第一歩である年度学期初めの学級開きのときの授業のあり方、どの単元から年度や学期を始めるのかが、とても重要となるのである。

個人的な興味に、学習者側の経験や属性、その分野について持っている知識が影響する。つまり、学習者のジェンダーや、扱う教材内容と読み手の共通性によっても、興味は影響を受けるのである。その点を考えるならば、その教科の内容に興味を持つところまではいかなくても、まずはその教科の時間や教師を嫌にならないということが、興味をひきだす前提条件ともなるのである。

認知的興味を引き出す条件：具体性や語り方

では、課題や状況がどのような構造を持ち、学習者が持っている知識とどのような関係にあるときに、ひとは面白いと感じるのだろうか。一般的には、新しく入ってくる情報と既有知識との間にずれや葛藤、矛盾が生じると、意外性や驚きを感じて心理的に不均衡が生じる。その曖昧さ、不確実さ、複雑さの不均衡を解消しようとして、さらに新たな情報を探索するようになる。そして情報を得てそれらの曖昧さや不確実さを解決していくときに、達成感を感じ面白いと感じるのである。

知的好奇心を引き起こす方法には、三つあると言われる。第一に子どもの持つ誤った信念や先入観を利用する、第二に新しく作られた認知的標準を利用する、第三に既存の情報相互のずれに気づかせるという三方法である。

第一の方法としては、空気には重さがないと思っている子どもに、真空状態にして量ったフラスコの重さと、空気を入れて量ったときでは、後者の方が重くなることを示すというように、自分が信じていたことに基づく予想と異なる情報を提示することである。このためには、子どもがどのような知識を持っているのか把握していなければならない。

また第二の方法は、まず法則を示して、それからそれにあてはまらない例外を示すという方法である。知識や概念、ルールを先に教えることによって安定的な足場をつくり、より複雑な事象に生徒が出会えるようにするのである。法則と例外の間に概念的な葛藤が生じるように「ルール→事例→例外」の構造で提示すると、面白いと感じるひとが多くなるという研究結果もある。どのように情報を配列するのか、どのような構造で配列するのかによって、ひき起される興味は異なるのである。

第三の方法は、いくつかのもっともらしい回答の選択肢を提示することで、対立する考えを生まれやすくし、議論をしていく方法である。仮説実験授業などでみられるように、異なる意見や考え方を持つひとの知識と、自らの考え方の相違を埋めあわせる過程で理解が深まり、興味が生まれることになる。

いずれにおいても大事なことは、それが新奇な情報であると同時に、すでに持っている知識を活用して内容が判断ができることである。まったくの新情報では、このような比較や判断は難しい。また、新情報や対立情報が入ってきたときに、自分たちで考え議論する時間が保証されていることも重要である。すなわち自分のペースで考え解決できることが、興味を持つ条件になるのである。加えて内容の具体性やリアリティが、興味と理解に影響を与えることも明らかになっている。

説明がより具体的に書かれているほど、興味が強くなり、内容を想起しやすくなる（図4−1）。記述が具体的であるほど、文章が示す状況がイメージしやすくなるために、言語コードとイメージコードの両方が符号化されて記憶に残りやすくなる、とこの現象は説明される（二重符号化仮説）。これは授業にあてはめれば、映像や具体的な視覚的資料、操作できる具体物があることで、学習対象に対する興味がわくということである。低学年だから具体物を与え、操作活動を入れるというだけのことではない。中高校生においても、どれだけその学びの対象世界のリアリティを感じられるかということが、学習者にとって重要なのである。

ただし、内容からみて重要ではない些末な部分が具体的に詳しく書かれていると、その部分を面白いと感じることが注意を分散させ、要点の理解を妨げることもある。具体的であることで興味を喚起しやすくなる反面、生徒が脱線を面白がり、そこにこだわることで注意が他の側面に向けられなくなるのである。

蒙古襲来絵図をみて、元寇について学ぶ中学校社会科授業を見せてもらったときのことである。授業では拡大した大きな絵図を教材として

図4-1　文章のわかりやすさが興味・記憶に与える影響（Sadoski, Goetz & Rodriguez, 2000）

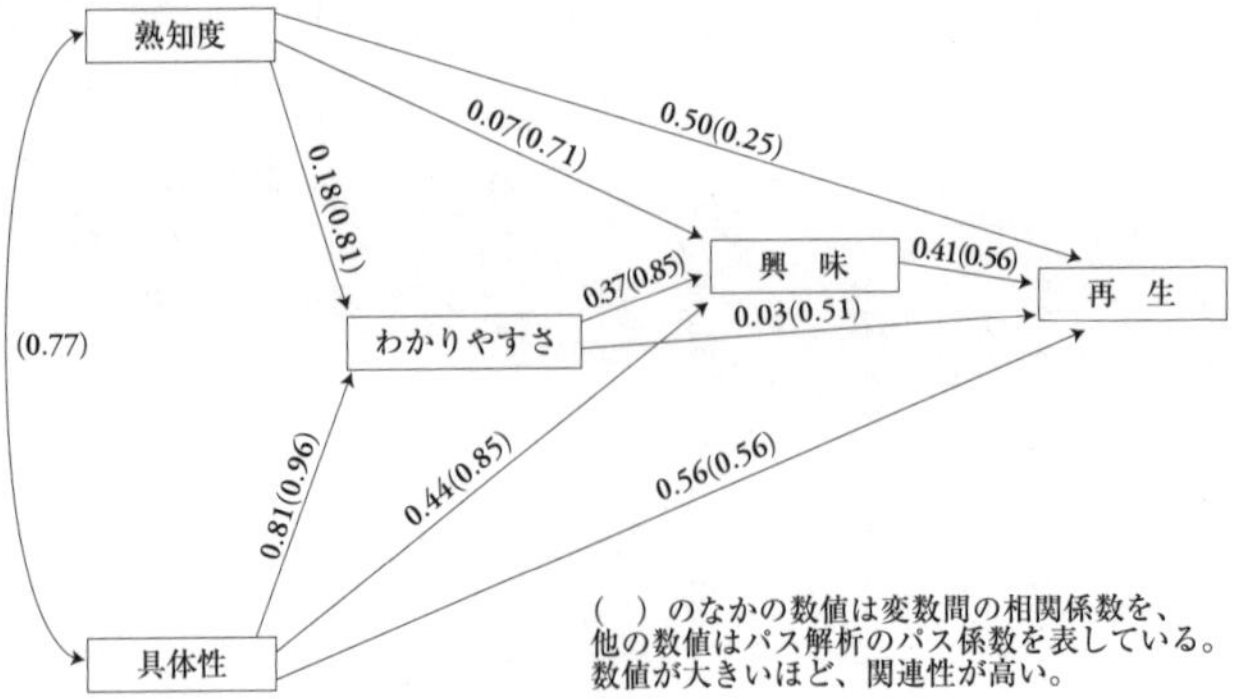

(　) のなかの数値は変数間の相関係数を、
他の数値はパス解析のパス係数を表している。
数値が大きいほど、関連性が高い。

使用し、「元は混成軍だったので敗北した」という史実を確認している。なぜ混成軍だと敗北するのか、生徒がその絵図を見ながらつぶやいている。

「皆それぞれが着ている服が違う」「広い中国だからいろいろな地域から来ているんだよ。こちらの部隊とこちらの部隊でも随分違う」「そうすると、広いから言葉も方言とかで違うかもしれないし、食事の好みも違うんじゃない」「それじゃ、きっと一致団結することもないんじゃない」と、数人の生徒が教室の一角で話しはじめた。その発言を聴いたとたんに、他の生徒が「そうか、わかった、納得。そういうことなんだ」と言った。

「混成軍」の意味は、テキストの語を見ただけでは、まだ腑に落ちていない。しかしそのときの状況を描いた絵図の詳細をみて、みつけたことを発表する場面を授業に準備したことで、自分の生活経験とつなげて理解を深め、考えていくことができたのである。周辺を丁寧に見る学びが、本質的な内容につながっていることはこの事例だけではなく、授業の中ではよくあることである。物語文でも、筋だけを追うのではなく、情景を読み取ることが深い心情的理解をもたらすことがある。子どもたちは直感的に興味を惹かれる細部に目を向ける。子どもたちがなぜその細部にこだわるのかを洞察すること、そしてその関心をどのように教師が意味づけるのかが、理解を深める重要な一歩になる。

説明や解説の文章だけではない。文学や小説、物語においても、いかに語られているか、いかに描かれているかは読み手の興味喚起に影響を与える。どのように登場人物が事件を語るか。場面はどのように描写されるのか、日記や主人公たちの会話を引用するのか、事件の経過を時系列で伝えるのか、そうした工夫が読者の興味の持ち方に影響を与えるのである。筆者は中学一年生を対象に筋、直接詳述、間接詳述という三種類のテキスト群を作成してその受け取り方を調査した。すると、筋の展開によって面白さに変化がおこるだけではなく、筋の重要な部分を詳しく描いた文章をより面白いと感じること、そのおもしろさが登場人物の感情理解と深くむすびついていることがわかった。

またニュース番組では、アナウンサーがニュース内容を報道するだけの番組に比べ、ニュースキャスターによる一人称のコメントやニュース内容への反応が加えられた番組の方が、より共感して視聴されたり面白いと感じられることが藤崎春代らにより示されている。「教科書では、参考書では」と外部の知識を紹介するだけでなく、教師自身のその教材への思い入れや経験談を話したり、生徒の経験とつなぐことによって、生徒は共感し、より面白いと感じるのである。

道徳授業を分析した司城紀代美らの研究では、子どもたちの語りには、自分(たち)自身について語る「一人称モード」、資料の登場人物について語る「三人称モード」、登場人物と自分(たち)自身両方に言及し関係づける「中間的モード」があるという。この「中間的モード」での語りが、登場人物と自分(たち)を置き換えて考える「置換」や、話の続きの想像や他の場合の想定など資料に記述されていない内容を考える「予想」、自分の価値観を明確に表明して資料と関連づける「表明」などの思考の働きを担った語りとなる。自分のことだけではなく、教材と自分とをつなぐ「中間的モード」の語りが授業の会話の中で出てくることが、重要である。学びの対象世界へのリアリティを持ち、教材、教師、子どもたちという語り手と学びの世界との距離感がはっきりすることが子どもたちの興味に影響を与えているのである。

そして、学習しているテキストや教室の対話内容へ興味が高まると、図4-2に示すように学習内容に対してより深い処理が行われるようになる。別の言い方をすれば、具体例をイメージする、関連情報を探すなど、生徒の側により深い方略をとろうとする認知過程が生じる（表4－1）。また情緒的で一時的な興味だけではなく、心理学者のチクセントミハリが「フロー（flow）」という概念で説明しているような、内容に没入している状態、没頭・夢中が生まれる。フローは、不安や無気力にならず、自分はできるという有能感をもって挑戦的な課題に能動的に関わっている時に生じるとされる。他者からの評価のまなざしの脅威にさらされることなく、安心して課題に没頭できる環境を、教室の中でどのように物理的、社会的に準備するかが、大切なこととなる。

興味を育てる活動や学習環境：学び手の共同体へと導く原理

前述の、安心して生徒が関わることのできる学習環境はどのように準備できるだろうか。教師が

図4-2　トピックへの興味と、読解中のテキスト処理、情動的過程

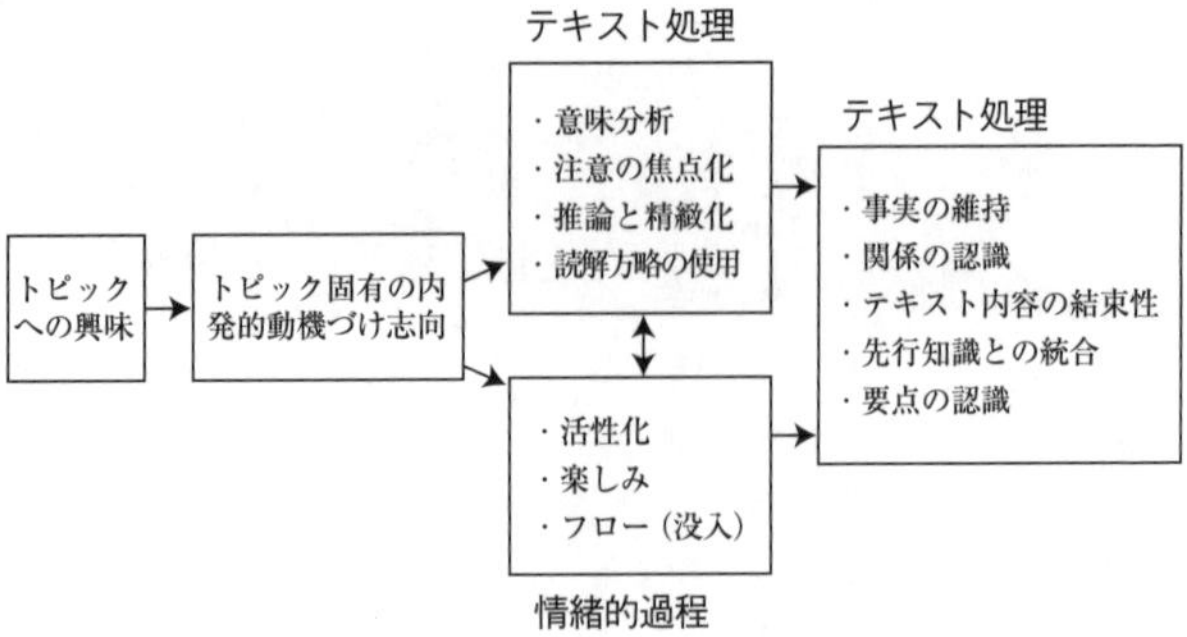

生徒の学習を助ける足場を準備するだけではなく、友達同士でも相互に高めあっていける学習環境では、学習者同士が積極的に相互作用をしてより複雑な課題へと挑戦していくことが実現してほしい。学びの共同体ということばは米国から日本に研究者によって紹介されてから、日本独自のニュアンスを多く持つようになったが、米国で最初にアン・ブラウンらによって提唱されたときには、このような学びの環境を指すことばであった。その原理は、表4－2に示される。

学習方略	興味
繰り返しの暗記	-0.26*
具体例をイメージする	0.47**
要点を考える	0.19
わからない時には関連情報を探す	0.44**
時間配分を考える	0.12
批判的に考える	0.29*
一生懸命に行う	0.58**

対象者は77人、*p<0.05、**p<0.001（p値はそれぞれその値が偶然出現する確率を示す）

表4-1　興味の高さと読解中の方略、読解にかけた時間との相関
（Shiefele, 1991）

教師があらかじめ準備した課題だけではなく、学び手それぞれが主人公となって責任をわかち持ち、生徒が自分たちの課題をみつけ、協働で探究していくことがこのコミュニティ形成の基盤となる。こうした、生徒にとって意味を見出すことのできる手ごたえのある学習環境を作ることが、子どもの意欲や興味を引き出しているといえるだろう。表に示された原理の教室の中での働きを具体的に捉えること、また日々の授業の中でこうした原理が働くようにデザ

1　学びの主体としての生徒	生徒を自分の学習のデザイナーであり、積極的に自らの学びに関わる学び手として捉える。生徒自らが積極的に方略を試したり使う学習を保障する（例えば、説明をしてみる、自分で予測を立てたり、質問を作ったりする）。自分の理解の過程を振り返り自覚する機会を設ける。よりよい理解をもとめて、相互にモニターしあったりする。
2　分散された資源と共有・差異の正統化	クラスを多様な熟達者の集まり、人的資源をわかちもった集まりとして捉え、資源を共有しあう。クラスのメンバーはそれぞれ多様な役割を担い、相互に違いがあることが重要であるという認識をもつ。一人ひとりが何かの熟達者として自分なりの個人の責任をもち、それらを共有する。一方向の発達を期待するのではなく、学習中に人との関わりや本、パソコンなど多様な道具を使うこと、偶然性を大切にすることで、多様な発達の方向性と機会を大切にする。
3　基礎としての対話と協働	談話や知識を共有し、意味を交換しあう。談話を通して教室は考えの種をまき、交流し取り込む場とする。
4　本物の文化的活動への参加・実践の共同体	文化的に意味ある本物の活動に参加する。現在自分たちがやっていることと熟達した大人がやっていることが、どのようにつながっているのかがわかる活動をする。学級という壁を越えて、活動に関わっていく。生徒自身が学ぶに値する探究に取り組み、自分のこととして関わりを選択していく。
5　文脈化・状況化された学習	活動の目的を明確にする。行為のなかで考える。何度でも繰り返し参加を試みることを認める。研究者になってみる、先生になってみるなど、想像の世界を実際に演じ応答的に評価しあう。学習カリキュラムのプランは学習とともに柔軟に作り替えていく。

表4-2　学びの共同体へと導く学びの原理

インしていくことが、教師の重要な課題である。

　個人にとっての短期的な興味や面白さを中心にここまで述べてきた。けれども現実の学校教育では、図４－３のように一つの課題や一時間の授業から、ある教科のカリキュラム全体まで、長短さまざまな時間、またある特定の子どもやあるグループへの働きかけから、学級全体の風土や教室の発言に対する全生徒の意欲喚起まで、いろいろな視野が求められる。教師はその多様な観点に立って授業をデザインしなければならない。たとえば朝の読書や理科日記、算数日記など帯時間の学習指導などは、一時間のみでは育てられない内容を、長期の見通しを持って育てていく実践のひとつである。

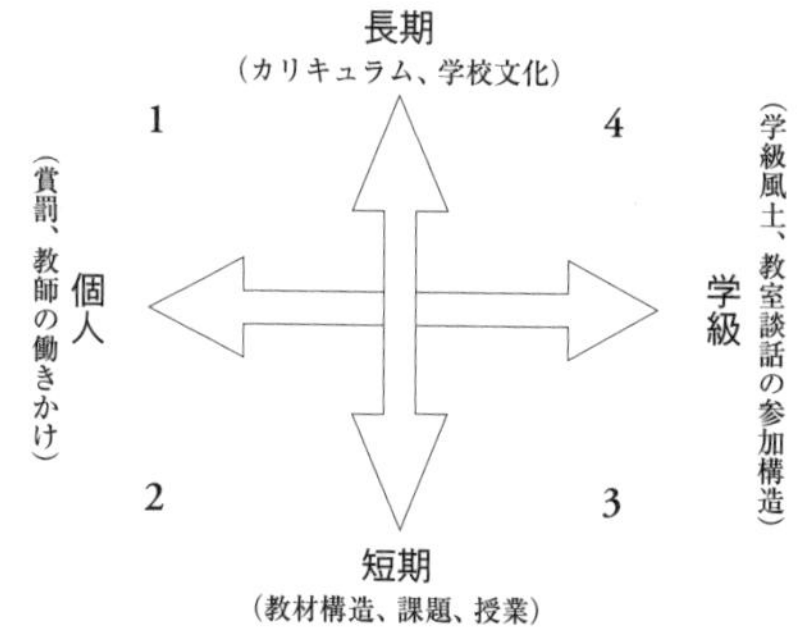

図4-3　学校における学習意欲喚起の要素

　また、教師対生徒の図式の通り教師一人によって生徒の意欲は喚起されるのではなく、仲間とのつながりの中で、相互に支えられ高められている。小学校教員の堀内利紀先生は一年生の子どもを担任されたときに次のように述べている。「今日の授業では子どもたちが自分たちの思考の中で友達とつなげていたんだなと改めて実感できました。子どもたちだけでつながりを生んでくれました。子どもたち同士の思考のつながりが授業を面白くしてくれました」「一年生の子どもたちは何かにつながっていないとこぼれていってしまう。それは先生であったり、お友達であったり、教材だったり、何かとつながっていてほしいと思うんですけれど、やはり全員と生徒が一本一本つながっていくのは難しい。どうするかというと子ども同士が自然につながっていく、引っ張っていったり引っ張られていったりして、そういう関係があってクラスの中で居場所が見つけられると思うんです」

このように教師と子どもたちが、ともに意欲を高めあっていく課題や環境をデザインし、お互いに対話してゆくことが求められているといえるだろう。

二　テキストから学ぶ

「テキストの学習」と「テキストからの学習」

二十一世紀に必要とされる学力を測定することを目的にした国際学力テストPISAを実施している国際経済協力機構（OECD）では、学ぶ力としての読解力を次のように定義している。

「読解力とは自らの目標を達成し、自らの知識と可能性を発達させ、効果的に社会に参加するために、書かれたテキストを理解し、利用し、熟考する能力である」。

この定義のよるとテキストを理解するだけではなく、そこで理解した内容を別の文脈で利用したり、その内容をよく考えたりすることが求められている。学校では多くの教科で活字教材が使用されるが、「テキストの学習」にとどまらず、「テキストからの学習」が期待されているのである。

まず大事なことは、学習内容にふさわしい教材テキストを、教師や生徒自身が選べるようになることである。情報が氾濫する時代になればなるほど、情報の取捨選択が重要となる。幅広い現象の核となる概念や原則が理解できるようなテキストを選ぶこと、学習者の経験や知識とつながりがある内容を扱ったテキストや、学習者から見て真正であり、本物性の高い内容であることが教材選びでは重要である。そのテキストを学級の仲間とともに学びあうことで、限られた時間でもより多くを学べる学習機会を準備することが重要なこととなる。

テキストといっても、まとまりを持った連続型テキストだけではなく、図表などを含んだり、コンピュータでのハイパーテキストのように非連続型テキストもある。ジャンルも、物語や小説、文学、解説文・論説文、記述文、詩などさまざまである。読み手はさまざまなジャンルや形態、テキスト構造などに応じて読むことを学ぶ必要がある。また、なぜこれを読まねばならないのかという学習動機や読解能力、テキスト内容についての知識や経験は読みに大きく影響することも意識しておく必要がある。そして読む際には、要点を捉える、くわしい情報を保持する、あるいは正確に読解するなど、さまざまな読解目的に応じた学習が求められる。

さらにどのようなジャンルのテキストでも、また複数の教材テキストを使用した場合でも、より深い理解を得るためには、学ぶ内容についての一貫した意味表象が構成できること、さらにそれを過去の自分の持っている知識とつなげて具体的に状況がイメージできる状況モデルを形成できることが必要である。つまり授業を通して、断片的な知識をあれこれ記憶するのではなく、その授業時間あるいは単元を通して一貫したひとつの意味表象を学習者が構成できるように、授業展開は組織されている必要がある。

テキストの文字、単語を認知し、語の統語関係を理解して形成した逐語的な言語表

	テキストの学習	テキストからの学習
心的表象	文章内容 (命題的テキストベース) 文章のエピソード記憶	既有知識に統合された文章内容 (状況モデル) 意味記憶
促進される認知課題	記憶(再生や再認)、要約	問題解決、推論
読み手の知識 関連する特性	当該領域の知識量が少ない 読解スキル	当該領域の十分な知識をもつ 内容領域への興味・関心
選択されやすい方略	記憶方略	理解方略

表4-3 「テキストの学習」と「テキストからの学習」(深谷, 2006)

象を、心理学では「テキストベース」と呼ぶ。隣りあう文から接続詞や指示詞、同一語の反復などを手がかりにして意味を統合していく推論のルールは「ミクロルール」、文章の各部分を結合し、文章全体の意味を抽出するルールは「マクロルール」と呼ばれる。マクロルールには、一般化(各部分で書かれた事柄を上位概念によってまとめる)、削除(抹消情報を削除する)、結合(いくつかの行為や出来事を統括する)、構成(全体をまとめる題をつける)という四種類のルールがある。文章を理解するとは、このような推論を読み手が積極的に行うことによって、まずはテキストベースが形成できることである。

これに対して、テキストが示す状況を描写している内的表象は「状況モデル」と呼ばれる。この状況モデルが形成できてはじめて、テキストを深く理解して教材から学ぶ準備が整う。表4-3に示したように、テキストベースは文章の言語情報をそのまま記憶保持している状況であるので、文章内容をそのまま思いだして再生したり、要約をつくるといったことができる。これに対して、状況モデルでは文章内容が示す状況を理解し、問題解決などにテキストの内容を利用できる。つまりテキストの活用ができることになる。

学習者である読み手の文章内容知識が豊かで、読解目的が明確であり、かつ能動的に文章に関わる活動を読解中に行っていれば、逐語的な表面的理解から、状況モデルを形成した「テキストからの学習」へとスムーズに移行できる。しかし、文章で取り上げる内容に関する知識を生徒があまり持っていない、なぜそのテキストを読むのかがわからない、しかも授業中に読むということ自体がテキストを面白く感じることを妨げているときには、生徒は状況モデルを理解できなくなる。教師自身が、目前の生徒の状態に基づいてこれらのどの面を補うように授業をデザインしていくのか判断することが必要となる。教室の皆で話し合っていると、積極的な一部の生徒の発言ばかりを拾い上げ、あたかも状況モデルが教室全体で共有できたように教師は捉えがちである。しかし、生徒一人ひとりの頭の中にテキストベースだけではなく、自分の状況モデルが出来上がっていない限り、すべての子どもへのたしかな学習は保障されない。

テキストを理解するとはどういうことだろうか。さらにくわしく見ておこう。

テキストから学習するには、一人ひとりの学習者がテキストの内容と学習者の既有知識を積極的に関連付け理解していく知識構築活動が重要である。表4－4は中学三年生と高校三年生に動物の進化についての同じテキストを読んでもらい、読みながら何を考えているかを発話してもらって、どのような活動水準の生徒がいるかを調べたアメリカのチャンらの研究結果である。動物の進化についてあらかじめ持っている知識だけではなく、その知識を使って読みながら積極的に文章の内容に関わることで高次の水準の知識構築活動ができること、またテキストから獲得される知識の質を決めることが明らかにされている。授業では水準4や5の活動が行われなければならない。そのためには、読んだことを使って表現する活動、各自の理解を言語化したり図示したり、あるいは行動してみるなど、可視化していくことが重要になる。自分のことばで言い換えてみることや、仲間同士で相互に説明し、わかりやすく書きなおしてみることなどが知識の活用として有効になるのである。

図や複数テキストからの学習

文字情報だけではなく、テキスト中に図表が付されているときには、その情報とテ

水準1：文章の事実以前のおしゃべり

個々の語や特定の句といった断片的部分に頼っており、命題（句・文が示す意味単位）の水準で文章を理解していない。文中にいわれている内容ではなく、個々の単語を手がかりにして内容とは無関連に連想を話したり、文脈は考慮せず単語の意味を質問したり、文章の特定の部分に対して単純な情動的反応を示す。

水準2：自分の知識を述べたり詳細部分を反復する

文章全体の理解はできていない。文章を逐語に近いかたちで反復したり、文中にある命題を手がかりに個人的知識から過大に推測したり質問をする。また理由を考えずにその文章が正しいとしたり、拒否する。

水準3：文章に同化

文章全体を理解し意味を表象しており、書かれていることを明確にする言い換えや精緻化するための推論を行ったり文章の内容に関わる質問をしたり、その文章に関して自分が持っていた知識との合致の是非で同意したり、拒否する。ただし文章の主張から自分の既存の知識を変えることはしない。

水準4：問題解決

自分の既存の知識と文章の情報を統合するという問題解決に携わる。既存の知識やこれまで読んだ文章に言及し新しい文章の情報を説明しようとしたり、食い違いを認め、その問題を解決する仮説をたてたり、それによって文章を評価したり自分の知識を検討する。そこでの問題は文章に直接関連したものである。

水準5：学んだ知識を使っての推測

推論や仮説生成を文章から与えられた知識や自分がもっていた知識を超えて行い、知識の拡大を図ろうとしたり、問題を形作ったり、新たな考えを統合するために葛藤する情報を解決できるよう評価する。文章から構成した状況モデルが基になっている。

表4-4　テキストからの学習における知識構築活動の水準

キストの情報を統合して読み進め、内容を理解していくことになる。またワークシートや資料集をはじめ、サブテキストにもさまざまなものが使用される。文字情報と図の両方で表されている事柄は、二重に符号化されるために記憶に残りやすい。これは二重コードモデルと呼ばれる。

図などを有効に活用することで学習が促進される。これは教師の誰しも思い当たることだろう。この効果を分析してみると、テキストの情報再生を促すように体系的にポイントが書かれている「焦点化機能」、テキスト内容についての有効な構造的枠組を与えたり、ある部分の概念地図や手順を簡略化して示す、テキスト全体をより一貫した形で示すなどの情報の「体制・集約化機能」、文字だけでは説明がむずかしい原因－結果のシステムやシステム同士のつながりを示す「構造化機能」、図がテキスト内容全体あるいは一部分の状況を描き出したり、文字テキストの情報をより具体的に示す「精緻化や表象機能」がある。図４－４は小学校社会科教科書の挿絵や図を、これらの四機能の観点から分析した一例である。

図は、テキストから構築される表象の精緻化を助け、読み手に知識がなくても推論できるよう認知的負荷を減じる役割をする。また具体的に状況を示す図だけではなく、

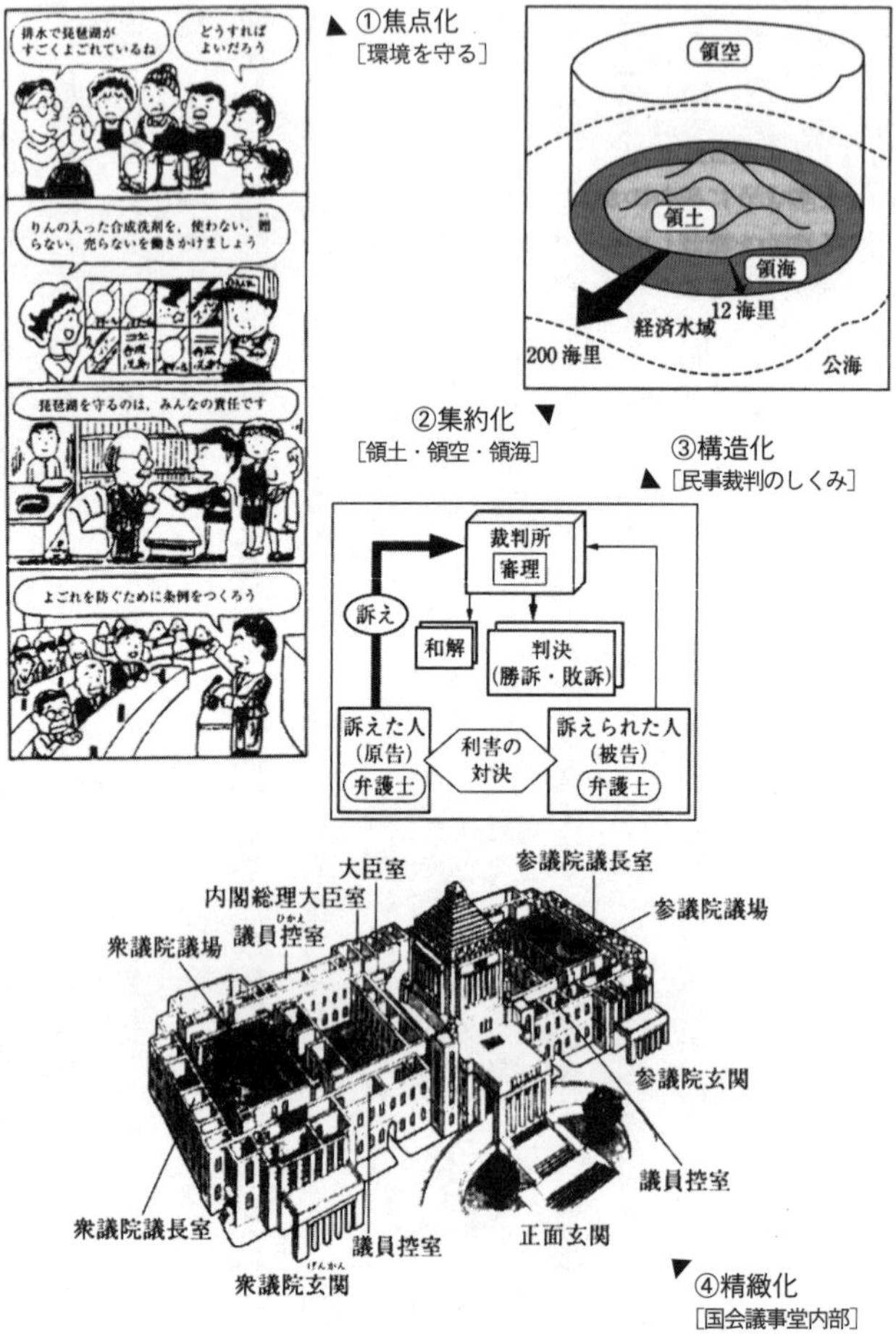

図4-4　小学校社会科教科書例にみる図の働き

構造や手順などを示す抽象図でも認知を助けることがわかっている。テキスト内容と図表が示す内容が重複したり、文の情報と一致したりしていると、テキストから具体的に視覚的イメージがひきだされ、より面白いと感じられるようになる。

ただし、図を正しく理解し活用できるためには、文字を読むことだけではなく、図を読むための技能が必要となる。図をどのように読むのか、図が何を意味しているのかを生徒が理解できているのかを確認しつつ、有効な図表資料を提示することが、テキストの理解を深めるためには必要である。しかし実際の教科書などを調べてみると、本文と図との対応関係が明確でないなど、図表や写真と文章、あるいは教師の提示した教材、ワークシート、板書などの間のつながりが、生徒にはわかりにくい場合も少なくない。どのように関連づけることで構造化し、かつ精緻化した情報提示となるかはこれまで示したようにテキスト理解にとっても重要なことであり、できるだけ明確でわかりやすいことが望ましい。

また図とテキストの統合だけではなく、複数の文字情報テキストを読んで理解を深めることも、テキストから学習をする場合に私たちが日常よく行っていることである。授業でも、比べ読みとして活用されている。複数テキストを読み進めていくと、そのテキストだけではなく、前に読んだテキストと比べて確認比較しながら読み進めることが増えるともいわれている。ある程度知識がある生徒は、前に読んだ内容との不一致を読み取り、それらの不一致情報を統合しようとして一層理解が深まる。読解力が低い生徒の場合にも、類似のものを重ねて読むことで学習内容がより定着することが期待できる。

インターネットからさまざまなテキスト情報を検索して読み進める過程も、複数テキストの統合過程であると言える。インターネットのＷＥＢ検索では自分の関心でさまざまなサイトへと容易にジャンプでき、瞬時にして多くのテキスト情報を収集し、読み比べることが可能になる。調べ学習のときには、どのように情報を的確に検索するのか、またその情報の中で有効な信頼できるテキスト内容を選び取り、相互にテキスト情報を統合し理解することが必要となる。ただそれらの情報を集めて切り貼りをしただけでは、いわゆるテキストベースが形成されたに過ぎない。そこからどのようにそれらを統合した状況モデルを形成できるのか、集めた情報を学習者が目的に応じて表現し活用する場面をいかにデザインできるかが問われていると言えるだろう。さまざまなメディアからのテキスト情報を、学習の目的とメディアの特徴にあわせて効果的に使用できるようになることが、マルチメディア時代のこれからの学習においては欠くことができない。

適応的な学び手として共に育つ

国語の学習は、何をやったらよいのかわからない、一夜漬けがきかないと言われることが多い。これは英語でも同様である。いわば言語力の育成は短期間でなされるのではなく、長期的に連続して行われるのである。読むことは年齢とともに自然に上達するのではない。必要な知識と技能を、実際に読む経験を通して確実に習得していくことにより熟達するのである。

この過程は図4－5に示すように二つの下位過程から成っている。一つは、文字や単語がスラスラと自動的に読めるようになり、注意を必要としなくなる語認知の過程である。かな文字や漢字の習得、英語などの第二言語習得初期には、この認知処理に負荷がかかり､文の意味が取れないことが生じる。テキスト読解の自動化のためには、文字や語彙の知識を増やすことや読む経験の蓄積が重要である。と同時に、知らない語があっても文脈を利用して推測ができる力も求められる。読みの得意な子どもと不得手な子どもでは、単語の読みの速さや作業記憶容量だけではなく、未知の語彙や熟語を文脈から推測する力にも差があることがわかっている。その場でわからなくても予想をし、見通しを持って読む経験、予想しながら情報を集めて自分の推論の確からしさを検証していく読み方ができることが大事なのである。

もう一つの下位過程は、言語理解の知識に基づく処理過程である。説明文を読むときには、著者の論理にそって読むことや接続詞、段落、文章展開の構造的な知識の利用が必要になる。子どもが理解につまずいている時、教師は字や語彙がわかっていないことをまず想定しがちである。しかしむしろ、後者の処理過程、文章内容や文章構造に関する知識や処理過程に対して

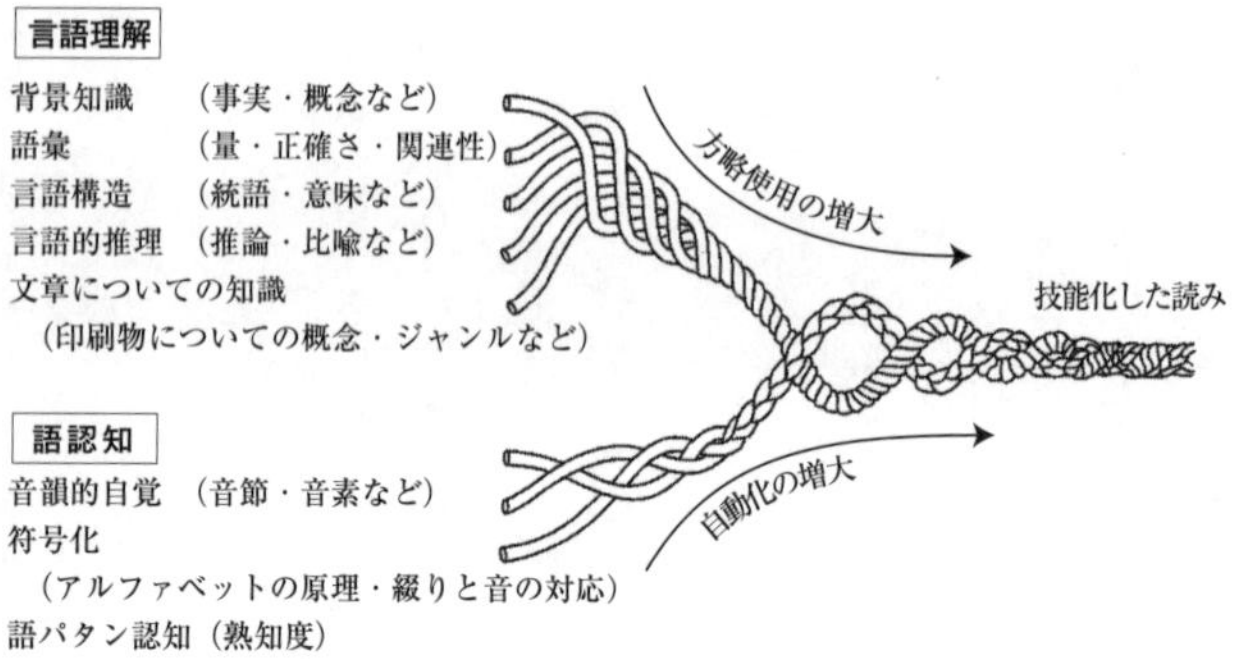

図4-5　熟達化した読み

適切に支援することが重要となる場合が多い。

読みの熟達者と初心者についての比較研究からは、読む前、読む間、読んだ後の行動が異なっていることが明らかにされている。表4‐3に示すように、読むのが得意な人は理解保障方略、内容学習方略、理解深化方略という三タイプの方略を状況に応じて使いわけている。

重要なことは、読解前、読解中、読解後に体系的に方略を利用できることだけでなく、方略を目的に応じて柔軟に使いわけ、計画や実行、評価調整ができるようになることである。これは「適応的熟達化」と呼ばれる。また、すでに自分が持っている知識で解決できなければ、友人や教師などひとにたずねる、本やインターネットで調べるなど、外部リソース（資源）を利用することで解決し読み進めることもある。目的や状況、制約に応じて、方略を使いわけて読めるようになることは、生涯にわたって、大いに役立つことだろう。

図4‐6はOECD（二〇〇四）が読解力を捉えるのに想定した五つの下位過程である。情報を取り出し、解釈するだけではなく、熟考・評価の過程が強調されている。この各過程に応じた読解方略がとれるようになることが、求められているのである。

A 理解保障方略	A1　意味明確化 どういう意味かをはっきりさせながら読む。集中して読む。難しい文は自分の言葉でかみくだいて言い直しながら読む。各文は簡単にいうとどういうことかを考えながら読む。難しい言葉を自分の言葉で言い直す。 A2　コントロール わからないところはゆっくり読む。わからないところや難しいところを繰り返し読む。どこからわからなくなったかを考え、そこから読み直す。一度読んだだけで理解できない時は、もう一度読んで理解しようとする。ときどき読み進むのをやめ、それまでに読んだ内容を思い出す。どれぐらい難しいかを判断して読むスピードを調節する。
B 内容学習方略	B1　要点把握 コメントや内容をまとめたものを書き込む。大切なところを書き抜く。内容をまとめるために簡単な表や図を書く。段落ごとのまとめを書く。大切なところに線を引く。読みながら大切なところとそうでないところを区別する。 B2　記憶 大切な文は考えずにそのまま覚えようとする。難しい言葉や内容を理解しないで丸暗記する。覚えるために繰り返し読む。大切な言葉を覚えようとする。 B3　質問生成 読みながら内容が正しいかを考える。知らない字や言葉を探して読む。自分がどのくらいわかっているかチェックするような質問を、読み終わったとき自分にする。そのような質問をしながら読む。先生ならどんな質問をするかを考えながら読む。
C 理解深化方略	C1　構造注目 意味段落にわけて考える。接続詞に注意しながら読む。文章の組み立て構造を考えながら読む。題名を考える。どことどこが対応しているかを考えながら読む。次にどういう内容が書かれているかを予想しながら読む。文脈から全体像を予測する。 C2　既有知識活用 新しい言葉を覚えるために具体的な状況を思い浮かべる。自分が今まで知っていることと比べながら読む。既に知っていることと読んでいる内容を結びつけようとしながら読む。具体的な例を挙げながら読む。

表4-3　読解方略カテゴリーとその内容項目（犬塚, 2002）

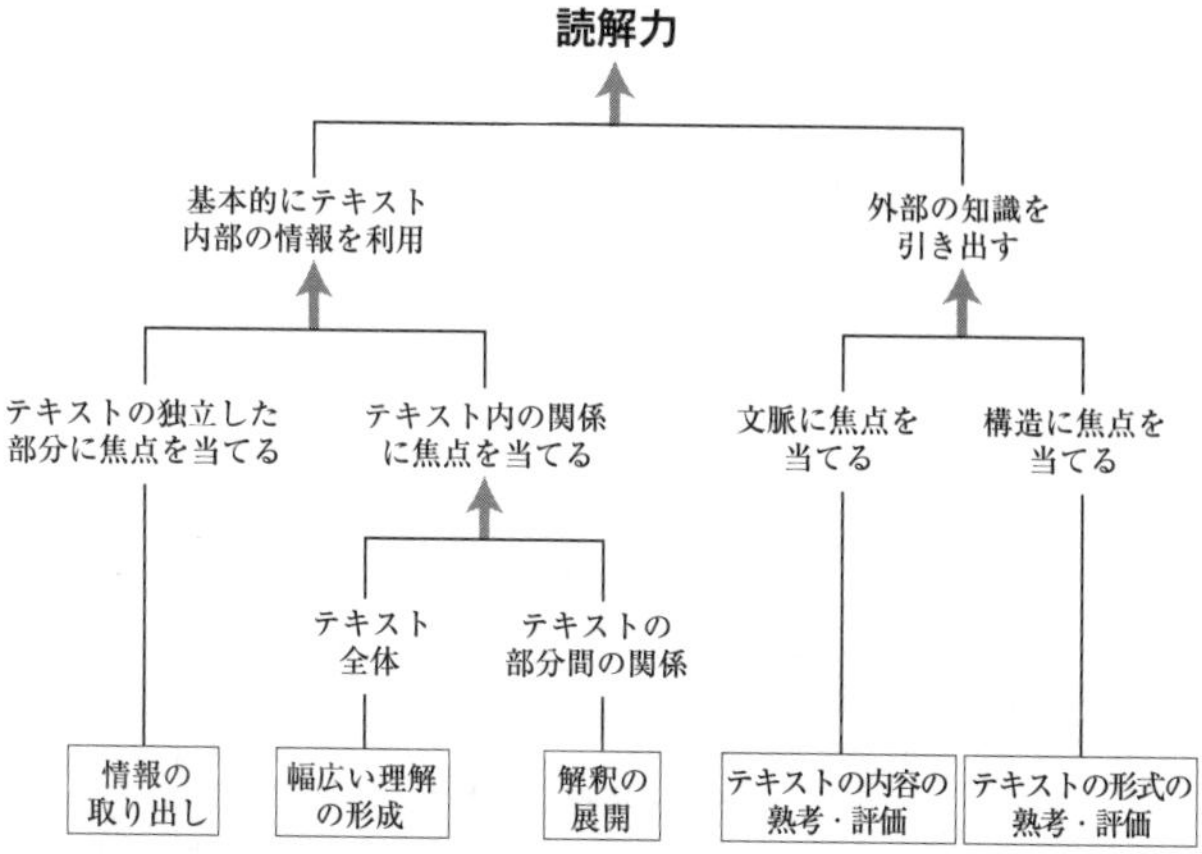

図4-6　読解力の5つのプロセス（OECD, 2004）

しかし読むのが苦手な生徒は、適切な方略を用いることができず、ただただ読み進んでしまう。だからこそ教師は、意識的に読解の方略を選ぶ機会を授業の中で設定することが必要なのである。

さらに理解をより高めていくためには、生徒相互に足場をかけあって学びあう機会が必要である。ペアや小グループでの対話を通したテキスト理解の協働活動、ピア・リーディングでは、読み手の知りたいことを質問しあうことが相互のフィードバックとなり、他の学習者から直接に知識や方略が学ぶことができ、自分とは異なる理解を持つ他者との対話によって自分の理解を見直す機会が与えら

梢	写真をみて思ったんだけど、どうやって色を出すのかなあ。
勇作	僕もどうやって色を変えられるのかなあと思う。
栄治	顕微鏡でみると色のぶつぶつがあって、つけたり消したりするってテレビでやってた。
T	なるほど。
栄治	(前日配布資料から) 120ページで「魚は表皮やうろこにある黒、黄色、赤の3色がくみあわさって魚の色をあわせているのです」というところから黒、黄色、赤が色になるんだと思う。
T	なるほどね。じゃあ、ひらめやカレイの場合はどうやって色を調整しているのかというと。
勇作	(資料をさして) ここに載っている。「色の変化に……」という所から色を変えている。
佳子	何色あるんだろう。
口々に	何色でもあるんじゃない。
良太	周りにあわせるのに時間がかかるんだろうな。
勇作	「だんだん色が変わる」って (テキストに) 書いてあるから、時間はちょっとかかると思う。
T	なるほど。「だんだん」だからね。(つづく)

注) 子どもたちは4種類のテキスト (下線部) から梢の問いを考えている。

表4-6　複数テキストから学ぶ授業プロトコル例
(小2国語「魚の身の守り方」練馬区立豊玉南小濱野学級での授業から)

れる。ただし、相互に話し合っても同じ程度の理解水準の者同士では理解が深まらないという問題も生じうる。したがって、教師が考えさせたい点で立ち止まり話しあいを行うよう指示したり、読み方の方略を意識するような説明をするなど、学習者だけでは見落としたり自覚化されない点を補足し、言語化してフィードバックするサポートが欠かせない。

表4－6は説明文教材と挿絵の拡大写真や補足資料を使いながら、教師と生徒たちが会話を

し、内容の理解を深めている小学校国語授業のプロトコル（発話データ）の一例である。資料を読み比べたり、相互に疑問を出したり説明を補足しながら理解を深めていることが読み取れる。教師は生徒の読み同士を関連づけたり、テキストと比べ確かめたりする役割を担っている。

協働で学習を進めるための話しあいでは、教師や生徒同士、互いに次のようなことを行いあっていることを意識しておくべきだろう。

目立たせる（Marking） 特に大事と思われるところに注意を向けたり強調する
もどす（Turning back） 考えたり説明してもらいたいところに、もどしていく
復唱する（Revoicing） 表現しようとしていることを解釈していったりもう一度考えを繰り返して言う
表現する（Modeling） 考えを声に出して言ったり困ったときにそれを代弁して表現したりする
付け加える（Annotating）これまでにない考えや情報を付けたす
まとめる（Recapping） 要約して話す

こうした働きをする発話によって他者の発言を取り込み関連づけ、グループやクラス全体でテキストから、一貫したより精緻な意味表象を形成していく過程が作られていく。そしてそれはテキストに書かれたことを単に覚えるテキストベースの理解だけではなく、テキストを読んだ読み手の理解を相互に学びあうことになり、テキストが示す世界を理解し、状況モデルを構成していく過程となっている。

またテキストに書かれた内容を批判的に吟味することも、場合によっては必要になる。書かれたテキストを完全な正しいものとして受け取るだけではなく、書かれた内容や主張を吟味し読むことの大切さも、授業で伝えていかなければならない。このような読み方は「批判的読み（critical reading）」と呼ばれる。テキスト中の手がかりとなることばに注意しながら、読み手は自分の知識との整合性を考えてテキストを読んでいくことになる。

テキストからの学習は、テキストを読んで学ぶだけではなく、そのテキストがとりあげた世界を読むことであり、自分の読みを吟味するためには、他者へと表現する「外化」が重要である。生徒相互が質問や説明しあったりするだけではなく、時には教室外へとその輪を広げていくことが、生徒たちに伝えあい話しあう活動の必然性を認識させ動機づけることにもなる。教室内外で伝えあう宛名をどのように見つけ出し、深めあう学習環境をデザインするのか、これが授業デザインのポイントとなるだろう。

三　学びを振り返る

知識を統合する

深い理解を促すには、断片的な知識を得るだけではなく、既に持っている知識と学んでいる知識がきちんと統合されていく授業が求められる。

この知識統合のためには、①学習者が現在持っている知識や考えを引き出す、②新しい知識や考えが与えられる、③自分の知識や考えを、規準を持って自分で評価する、④自分の持っている知識や考えを分類したり整理する、という四つの活動過程が、単元や授業の中に組み込まれていることが必要である。

具体的には表4-7のような一連の活動が行われることになる。これは米国の理科の授業をもとに、学習者がより深く学ぶための活動群をマーシャル・リンがまとめたものである。これまで述べてきたことの一つのまとめとなるだろう。

学びの過程を振り返る記録

理解を定着させるためには、表4-7の最後の段にもあるように、自らの学びの振り返りが欠かせない。振り返ることが次への見通しもつくり出す。

授業の中では「一人ひとりが現在の活動の課題を確認できる時間」「重要な内容事項でテキストや教材箇所に全員で目で見て立ち戻れる時間」「そこまでの学習の流れをもとに自分の思考を振り返り吟味できる時間」「一時間の中での友達の考えやその言葉を振り返る時間」という四つの立ち止まる時間を教師が保障していくことが求められる。しかし授業時間には限りがある。したがって限られた時間の中では、たとえば、その時間の授業のキーワードを自分で挙げてみること、その時間の学習について自分でタイトルや見出しを付けてみること、そしてそれを相互に見あって吟味することなどが有効であることが、メタ認知研究などの知見からも指摘されている。また感想などを書かせると、そのことによって生徒の理解を捉えることもできる（表4-8）。

生徒が学びを振り返る時間を授業時間の中で保障するためには、授業の構成を変えていくこともときには必要にもなる。それは授業そのものを見直すきっかけともなるだろう。

一連の活動群	説明（内容）
関連づけ 診断 誘導	生徒各自の知識や関連する問題、それまでの授業内容と本時内容を関連づけ、当該授業前に持っている知識や考えとつなげ、また知識の統合を刺激するような新しい考え方を提出し付加する。これらの活動をふまえ授業で取り上げる内容をくりかえし決めていく。
予測 観る 説明	学習内容についての生徒の知識や考えを引き出し、ある科学的現象を提示・観察させ、学習者が既にもっている知識や考えと現象の間の矛盾を解消する説明をさせる。
新たな知識や考えの提示（図示）	学習内容について話し合って予測したり、複雑な問いへ取り組むための方略を示し視覚化する。生徒はその方略を実際に使ってみて、自分自身の考え方を振り返る。
実験 調査	問いの枠組みを明らかにし、その問いを究明する方法を考え、調査を実際にやってみて、その結果を評価し、得られた知見を持っている知識や考え方を整理するのに使うことを繰り返していく。
モデルをたてて探究	取り組む挑戦や議論、問いの枠組みを明らかにし、予想をたててシミュレーションしてみて推測を検証したり、シミュレーションで得られた基準を他にあてはめてみたり、知識や考えを修正する。
作品づくり	問いをたて、作品を選んだり表現し作成したり試してみたりし、結果を評価し、作品をさらに改良する。作品づくりの結果を学習内容とつなげるという過程を繰り返す。
論証	議論する問いをきめ、考えを出しあい、根拠を示す。自分の立場を明確にし、フィードバックや新たな証拠に基づいて考え方を修正していく。
批評	科学的現象についての考え方を評価したり、基準を当てはめてみたり、証拠を用いながら、主張の根拠を述べ、用いる基準の修正などを繰り返し行っていく。
協働	自分たちの考えを出し合い、各グループの考えに相互に応答しあい、自分達のグループの見解を立証させながら、合意を形成していく。知識統合の中心に意味の交渉がある。
振り返り	自分たちが出した考えやの間のつながりを分析したり、理解をモニタリングし評価する。

表4-7　知識統合を強調した授業デザイン（Linn, 2006）

第1段階：	「楽しい」「また勉強したい」「わからない」ということばが出てくる。また、算数の学習内容についての具体的な記述がなく、抽象的なことばが多い。
第2段階：	算数の内容について、どこがわかったのか。どこにつまずいたのかを書いている。つまり自分の考えを書くようになる。
第3段階：	自分の考えだけではなく、他人の考えについて自分がどう思ったかを書くようになる。文書のなかに他人の名前が出てくるようになる。
第4段階：	自分の考えについて、見直しをしている記述が出てくる。つまり、自らに問い直したり、数学的な内容を発展して考えている。

表4-8　数学的な考え方を育てるための学習感想指導の段階（中村, 1989）

日本では伝統的に、振り返りの作文や算数日記、理科日記など教科の日記指導が実施されてきている。これを振り返りに活用することができる。新潟県の小学校理科教諭であった中村直也先生は、子どものノートを見直しながら、理科の自らの授業を振り返り「事象提示、予想発表、仮説を立てる、実験する」が主で、「結果を整理し考察する場面」が少なかったのではないか、そのために観察や実験の事実の記述から、事実と事実の関係付けや意味づけが弱かったのではないかと課題を見出し、その改善のために理科作文を実施された。理科作文の書き方として「私は予想で……と思っていました。実験（観察）してみると……ということがわかりました。または

A子　実験のまとめ（9月　唾液の働きを調べる実験）

はじめに乳ばちに、ごはんと水を入れ、乳棒ですりつぶしました。そうすると白い液が出てきました。次にその液を（よくまぜて）2本の試験管にいれました。その次にだえきを片方の試験管にいれました（そしてよくまぜました）。それから10分の間陣元の体温（36〜38℃）ぐらいのお湯に試験管を2本いれました（をひたしました）。

（中略）

このことからだ液の入っている方はご飯にふくまれているでんぷんは少なくなり（他の物に変わり）、だ液の入っていない方は、でんぷんが多くふくまれていることがわかりました。

表4-9　A子の実験のまとめ

……について……としました」という形式で書くこと、「はじめに、次に（実験（観察）したこと（はっきりしたこととその結果を詳しく書く）、このことから（わかったこと、考えたことを詳しく書く）」という順に構成すること、「したがって」「このように」「つまり」といった接続詞を使った文章で書くことを、年度の初めに生徒にあらかじめ指導教示した。

そしてひとりで理科作文を書いて終わりとせず、その作文を生徒相互に読みあうことにした。これは生徒の理解を深めることに役立った。表4-9はA子が交流によって友達の作文から取り込んだ（アプロプリエート）変化である。（　）の中が友達と相互に作文を読みあったあとに加筆修正されている。友達から学んだことを色ペンで書くこ

算数日記の指導
<基本>
ノート１頁、その日の授業を思い出して書けている
友達の考えや自分の考えを書いてある
授業でよくわかったこと、わからなかったことが書いてある
丁寧な字で書いてある
<より高次の指導>
タイトルの工夫
第一段落でどんなことをやったのかすぐにわかるように書いてある
学校で学んだ図や絵などが書いてある
大事なことだけで、書かなくて良いことをだらだら書かない
わかったことはどうやってわかったかを書く
わからなかったことがどこがよくわからなかったかを詳しく書く
一目で観てこんなことやったなとわかるようにまとめる工夫がある
意味不明な文、おかしな文は書かない
字、図など全体として丁寧さが伝わるように書く

表4-10　算数日記の指導のポイント（古屋, 2012）

とによって、振り返りに加えて、学びあうことの良さも取り入れられたと言えるだろう。

Ａ子のまとめを読むと、仲間同士で学びあうことで、教科の重要な点がどこか、子ども自身が振り返りとその共有を通して気づき、ことば豊かに書き表せるようになっていることがよくわかる。

またこのような振り返りを宿題に課すことで定着を図る実践もある。山梨県の小学校教諭、古屋和久先生は、家庭学習としての算数日記の指導のポイントとして以下のような点を挙げておられる（表

4―10）。そして各自の振り返りの日記を次の授業の初めに交換しあい共有することで、学習の連続性も保障されていく。数年間同じ教科の授業で使用したノートなどを、個人ノートフォルダーを作成して教室に置いておき、必要な時に学びの軌跡を各自振り返り活用できるようにしておられるのである。

学習の過程において学習者が作成した作品やメモ、作文などを集積したものはポートフォリオと呼ばれる。ポートフォリオという言葉から、総合的な学習の時間などにクリアファイルなどを使用したフォルダーを使った振り返りを想像するかもしれない。しかしこれまでの学習で使われてきたノートやワークシート、日記なども、一定の時間ごとに学習の過程を振り返ることによって、自らの達成や育ちを実感し、次への一歩を自ら計画することにつながり、意欲や理解を深める役に立てることができる。それは、学びの可視化によってたしかな学びの軌跡をつくるよう機能し、子どもたちの自己評価能力の向上にも資するのである。

現在ではＩＴを使用することでデジタルポートフォリオの作成も容易になった。「学習内容への興味や意欲を喚起し、学んだことが定着し次に使えるように深く学ぶと同時に学び方を学び、学習過程を振り返ることによって、次の学習への見通しを持つ」という学びのサイクルが個人、学級や学年とリンクしてつくり出され、共有しあうことによって、学校全体の文化としてどの子にもたしかな学習習慣を保障する学びのコミュニティが形成されていくのではないだろうか。

◉第五章

協働で学びあう関係づくり

「三人よれば文殊の智恵」ということばがある。複数の人で考えることの重要性を簡潔に表現したことわざである。これからの公教育としての学校教育では、競いあうことよりも助けあい共生する市民性を育てることが大事である。こうした点から子ども同士、小集団で考える学習スタイルの機能や効果が国内外で見直され、研究も盛んに行われている。授業の中の集団のかたちはさまざまである。クラス一斉、隣同士でのペア、三～四人の小グループ、班、より多人数でのグループなど、教室で子どもたちはさまざまな形で学びあう。

本章では、子ども同士が協働で学ぶことのよさや留意点、その学習過程にどのような要因が影響しているのか、またグループ活動を組織する時にはどのような点に配慮することが必要なのかを考えてみたい。

一　協働学習のよさとむずかしさ

中学校の数学教師として小グループでの協働学習に十年以上取り組み、さまざまな経験をしてこられた牧田秀昭先生は、その良さとむずかしさを以下のように話しておられる。

「グループ学習という形をとれば生徒が何かしら話をする。話をしていると、最初のうちは教員も何か学習をしているなと安心して進めていたような気がします。だが、生徒の声をじっくり聴こうとするようになってきてはじめて、協働学習のよさを自分でわかってくるようになりました。生徒一人ひとりの声を聴けるよう、さりげなく生徒のそばにいる。教えてあげるというのではなく、そばにいて、困った時には先生に訊こうと思われるような関係をつくること、またこちらも何か訊きたそうな顔をしている生徒のそばにいるようにすることがわかってきたのかなと思います。

グループ学習のよさは、生徒の声をよく聴けること。課題の理解度をどう評価するかがいわれていますが、グループ学習では生徒の横で応対することで、一人ひとりの理解度や考えがよくわかります。ペーパーで評価する前に授業の中でわかります。課題がわかっていない子にはこの子が説明しているといったことが、グループ学習の中でわかってしまう。それをくりかえしていくことで、一人ひとりの数学に対する構えや考えていることや、内容の定着度なども、一斉学習の時よりも数段よくわかってきています。自分がわかってきているということは、もしかすると生徒も自分の考えがわかるようになってきているのではないかと思います。

グループ学習では一人ひとり皆が考えられる機会を作っています。知ってないと次にいけないという学習課題ではなくて、むしろ誰でもできるところから学習を拾いあげて、それをまとめてまた子どもたちにもどすようにしています。そのためには誰でも取り組める課題、自分たちで考えられるような場が必要です。グループで一つの大きな紙でもホワイトボードでもかまいません。それがあると一つのものを介して皆が話しあえる場ができます。それから一つにまとめあげないことも大切です。どんな学習でもどこかにかならずよいことがあるので、教員が拾い上げてやることが必要だと思います。

とはいっても、やっぱり一斉学習の方が効率はよい。指示したり、皆が作り上げたことを一つにまとめるときは一点集中、一斉学習です。また生徒の意見だけでは押さえるべき課題をすべては押さえられないので、教師がそれを補う一斉指導は大切です。

協働学習のむずかしさはグループ間で差がつく、編成によって差がでることです。そこには教員が入ることが大切です。すべてのグループに教員が一人いることが大事だと思います。行き詰まったり、発見したりした時にそれを聴いてくれる別の人間、それは授業者である私ですが、そういう人がどのグループにもいるという感覚。極端に言えば私はどのグループにも参加しているようにしている。物理的には無理なのですが、その感覚を生徒がもつことがグループ学習では大事かなと思います」

教師自身の中でも、小グループでの協働的な学習の見方や意味づけが次第に変わってきていることがわかるだろう。人に言われて、指導手法の一つとして皆がやっているから導入するというのではない。牧田先生にとって、協働学習はすべての子どもに学習に参加していくための援助を、適切に行うことができる機会として認識されている。子どもたちの傍らにいて、一人ひとりが自らの学びの責任を引き受け、学習に参加できる場づくりとして位置付けられているのである。授業者自身が協働学習の意味を自分の授業スタイルや授業観にもとづいて発見していること、また同時に、そのむずかしさも自覚し、物理的に全員に同じように接することはできないという解きえぬ難問が存在することも語られている。

二　協働学習の過程

日本では小グループに、生活班が使用されることもある。これは生活班という発想自体が存在しない国からみるとめずらしいことである。日本の協働学習、グループ学習にはどのような歴史的背景があるのだろうか。そして学習者にとって意味ある協働学習のためには、どのような配慮が求められるのだろうか。

日本での協働学習

明治時代以来、軍隊の編成を模した指示伝達の様式として、班活動が日本では教育に導入されていた。そして大正時代には大正新教育運動のオピニオンリーダーであり、ジョン・デューイに学んだ及川平治が『分断式動的教育法』（一九一二）を著して班活動を主張し、神戸大学明石附属小学校でそのカリキュラムが組まれ、教師たちに熱狂的な賛同を得て広まっていった。これは、能動的な活動というのは子どもたちそれぞれで異なっていることに注意を払いながら、それぞれの子どもにとって適切な学習環境を作ることを意図して生まれてきたものであった。

そして戦後民主化の流れの中でも、小集団活動や班活動は取り入れられていった。この過程でこれらのグループ活動には、生徒間での理解を深めるだけではなく、自分の考えをつくり出す、学習参加意識を高める、人間関係を築くといった意味があることを、教師たちは見出してきた。学習の場面だけではなく、学校生活のさまざまな活動の中で学級経営や人間関係づくり、役割分担による責任感育成の意味あいも強く持ったものとして捉えられてきたのである。つまり、学習そのものよりも、対人関係や社会的役割を学ぶ目的が先にあっての小集団であったといえるだろう。

授業の形態を国際的に比べると、第三回理科数学国際教育到達度評価ＴＩＭＳＳ（一九九七）の調査結果によれば、小学校算数の指導形態について、日本では、一斉指導が七八％（二十六か国中上位三番目）、児童同士で学級五〇％（上位一位）、教師援助なしのグループ学習二一％（下位三位）、教師援助のグループ活動七％（下位一位）という報告結果がでている。算数のみならず理科をはじめとする他教科でも、また小学校だけではなく中学校の指導法の形態でも同傾向がみられる。全体としてみれば授業では一斉指導、すなわちクラス全体で考える形態がとられていることが多い。

それに比して、他の国ではグループ活動が日本よりも多く用いられている。一斉指導は、教師が基礎知識を言語的に伝えていく点では効率のよい方法である。けれども、中学校二年数学の授業では教師の発言が生徒の発言数の八倍という国際調査結果などが示すように、生徒の参加意識や学びへの意欲を高めるという観点からは指導形態の工夫が必要ともいえるだろう。紹介したＴＩＭＳＳデータからは十年以上がたって、国内でも一定程度の協働学習を取り入れるクラスが増えてきている。中学高校でもこの数年で、かなりの学校が協働学習に取り組むようになってきた。二〇一〇年の第五回学習指導基本調査では、児童・生徒同士で考えたり話しあう時間は、小学校で六九・九％、中学校で四一・八％、高校で一九・六％である。

しかしまだ、一斉授業の間に協働学習の形態も少しは入れてみるという考えで行われる場合が多い。学級のまとまりができるまではまず一斉指導をおこない、二、三学期になって少し教室がおちついてきたらやってみようという発想である。しかしながら一斉指導の中に小グループをどう入れるかという発想と、一人ひとりが自分の学びをつぶやきながら語る機会、それによって参加したり理解を深めるために自然に協働が生まれ生徒同士が学びあうことを授業で求めていくという発想の間には、グループの人数や形態の問題にとどまらない根本的な違いがある。結果としての学習形態は同じでも、教師の関わり方も求められる役割も異なってくる。この学習観や授業観、教師や生徒が授業の中で果たす役割自体の違いを自覚することが必要なのではないだろうか。一人ひとりが学びに参加し理解を深め、自分自身の学習をつくってゆくために仲間がいる、また仲間とともに関わるから理解が深まるという協働こそが求められているのである。

協働学習の利点と互恵的教授法

協働学習のメリットとして、認知心理学がこれまで明らかにしてきた知見やそこから生まれる教育的含意として、次の四点を挙げることができる。

第一に説明や質問を行うことで自分の不明確な点が明らかになったり、より深く理解できるようになったりする理解深化の働きである。つまりすべての子どもが、理解を深められるという点である。また第二には、集団全体としてより豊かな知識ベースを持つことができるので、限られた時間内で思考が節約でき、アクセス可能、利用可能な知識が増える点である。クラスとして皆で知識や考えを共有でき、一体感が育ちそれがまた意欲を高めコミュニティをつくるといえる。第三には相手の反応などの社会的手がかりによって、自己の認知過程や思考のモニタリング（評価調整）ができるという点である。Aさんが同じグループのBさんに語るという関係においては、誰が誰に語るのかという語りの宛名が明確になる。それによってうなづいたり、指摘したりという応答が生まれ、互恵的な感覚が育つ。第四には、やりとりをすることで学びあう仲間の中への参加動機が高められ、同じ課題にむけて意見や活動を共有することによって、グループ（徒党）意識が高まることがあげられる。自分ではうまく言葉にできないが、自分でも一生懸命考えている生徒にとって友達は代弁者であり、言いたいことをより精緻にしてくれる存在である。だからこそ一体感、グループ意識も生まれてくる。

またこれまでの心理学研究では必ずしも十分に明らかにされていないが、教室を観察すればすぐにわかることがある。授業に参加しているが学習に関心を持てない生徒が友達に誘われてこの時点から授業に参加したり、課題が何か、何をやればよいのかを友達にたずねてそっと教えてもらうといった援助しあう形で、学習に入る前の段階から学習への参加が可能となるという、友達同士での救い上げとでも呼べるべき機能

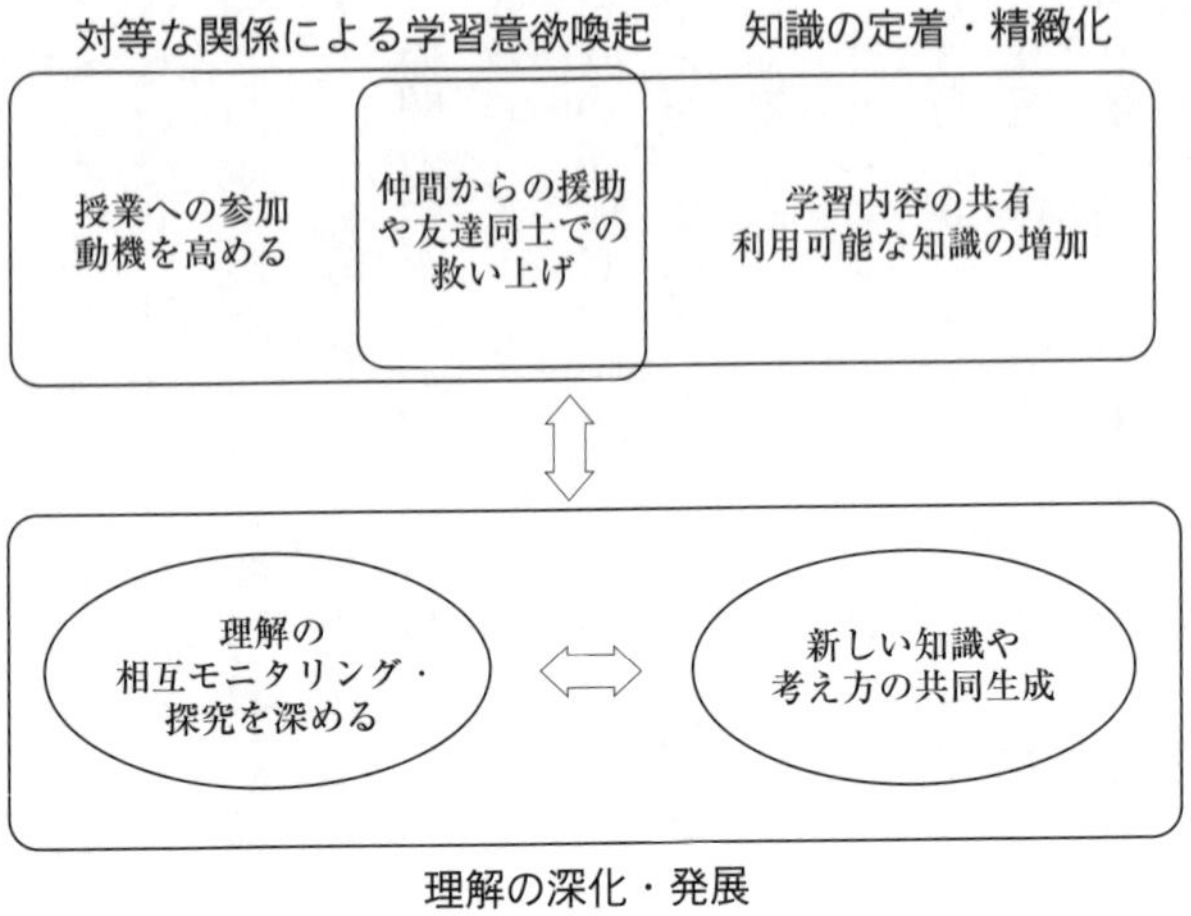

図5-1　協同学習の機能

である。これらをいれて整理してみると図5－1のように表すことができるだろう。

ここで述べた第一の理解深化と第三のモニタリング機能について、アン・ブラウンらは、「互恵的教授法(reciprocal teaching)」と呼ばれる活動の効果として明らかにしている。読解に困難を抱える小学校三年生の子どもをペアにして、次のような四グループにわける。なぜいつどのようにすればよいのかを大人が説明しながら、二十日間、テキストを読んだ後に質問する、言いかえる、要約するという活動を続ける互恵的教授明示群、互恵的教授明示群と同じ活動を行うがなぜどのようにやればよいか大人からの説明を受けない互恵的教授暗黙群、前二群と同じテキストをひとりで読む練習群、テキストを読む活動はせず、事前テストと事後テストというテスト二回だけを他三群と同様に受ける統制群、の四グループである。これらのグループで、理解深化とモニタリングの効果を調べている。その結果が図５－２である。練習前半の時期では互恵的教授法の顕著な効果はない。だが、前半十日過ぎからひとりでテキストを読んでいる練習群に比べて明らかに効果があり、またこの練習を終えてから一年後でも、効果が持続していることが示されている。しかし質問したり要約したりすることの原理や意味を言語的に説明したかどうかという明示群と暗黙群では、この結果では差がみられない。テキストをひとりで読むだけでなく、ペアの相手に伝える、質問をされて答えることで理解がより

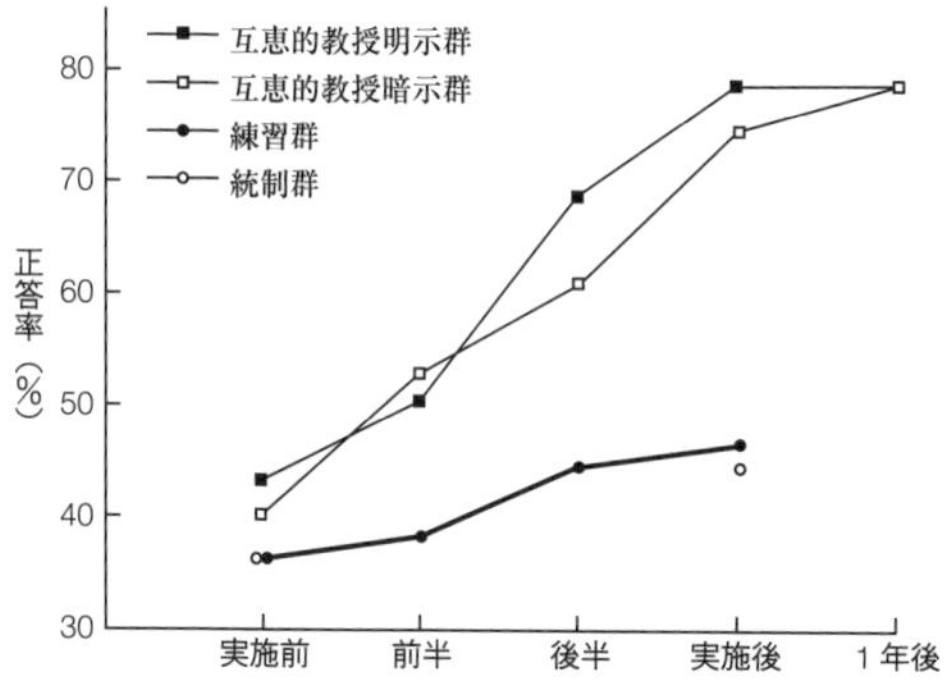

図 5-2　互恵的教授法の効果（Brown, 1997）

明確になるのである。伝えるために具体例などを出すことによって、抽象的に理解していたことと具体的な例とがつながり、理解が深まることも生じる。

つまりこのような学習は、教えたり説明したりする側の子どもだけに効果があるのではないのである。教える側の子どもにヒントを求めたり、一緒に解きながら相手の行動や話を見聞きする過程で、教えられる側の子どもも、適切な援助を得て理解を深めることができるのである。

このように相互に学びの効果があるという意味で、グループ学習は「互恵的」学習なのである。できる子どもができない子どもに教えてあげる、説明してあげるという場合に、より大きな利益を受けるのはできない子どもではなく、実はできる子どもである。言語化することで自分の不明点を明らかにでき、より自覚的になる。他方できない子どもは友達の説明がわかるとは限らない。だからこそ生徒間の関係が一方的ではなく真に聴きあい学びあう関係になっているのか、それとも教えて伝えるだけの関係なのかという関係のありようへ教師が配慮することが必要になってくる。

また動機づけとしてのグループ意識の働きを考えてみよう。教育心理学者の波多野誼世夫・稲垣佳世子が仮説実験授業と呼ばれる授業方法を用いて、小学校理科の「ば

	人数	説明の正確さ	標準偏差
多数派—積極発言	18	2.22	0.85
多数派—聞き役	33	1.58	1.05
少数派—積極発言	7	2.29	0.88
少数派—聞き役	7	2.00	1.10

表5-1　話しあい終了後の説明の正確さの程度（Hatano & Inagaki, 1991）

ねと力」の単元で、おもりとばねの長さについての選択肢を選ばせて質疑を行う授業を行った後に、その内容についてどの程度児童が理解できていたかを調べた研究がある（表5－1）。授業中の児童の発言の五一・七％が意見の対立する人への発言であったという。また授業後にその理由説明の正確さを見ると、選んだ選択肢が少数派だったグループでは積極的に発言した生徒だけではなく、聞き役においても説明理解の正確さに変わりはないという結果が得られている。少数派グループでは聞き役であっても徒党意識を持って、同じ意見や他の意見を聞いていたからと推察できる。私の代わりに誰々さんが話してくれているという意識が大事なのである。

またこのような徒党意識はもっと小さなグループの中でも生じる。そこで重要なのは、わからない時に相手に援助を求められる雰囲気や関係づくりと、質問できる能力であり、教える人――尋ねる人の固定化が同じ仲間同士の中で力関係の固定化をもたらさないようにするという配慮である。このように考えると協働学習は民主主義の基本的作法を学ぶ場であるとも言える。だからこそさまざまな子どもたちが参加できるような工夫が必要なのである。

協働学習の過程について精力的に研究しているノリン・ウェブらは中学一年生四学級で小グループ活動を三週間実施し、その間のコミュニケーションを観察し、学習効果を調査している。この研究結果によると、グループのメンバーに問題解決を求められたときに、わかっている子どもが問題の答だけをわかっていない子どもに教えた場合、質問して教わった側はその後に類似問題を解いても解くことができず、教わっただけでは問題解決を学習しないことが明らかになった。質問した子どもが、わかっている子どもから解決過程の説明を納得するまで受け続けること、わかりたいと求めていく意志や行動がわかっていない子どもの側にあることが、問題を解決できるようになるためには必要なのである。また解き方を教わってそのときには解けるようになっても、それだけでは効果は持続せず、類似の問題でその解き方を利用してみることではじめて効果が持続するという結果も得られている。自分で自分の知識を使ってみることで学習は定着する。いくら説明を受けても、それだけではできるようにはならない。互恵的な学習を行うためには、話しあうだけではなく、自分で使ってみたり、またそれを確かめあったりすることが必要なのである。

他から援助を受けられない子どもは、納得できるまで質問したりその知識を活用してみるといった経験ができない。そのために、質問をさらにしようという意思や技能も持ち得ない。援助をしてくれるようもとめる援助要請のやり方にもコツがあり、その技術を身につけることが必要なのである。適切な援助を得るためには、相互に学びあい、援助しあうこと、わからないことはわからないといって教わることや、教わってから自分でもやってみる経験が重要なのである。自分のことばで言い換えができること、自分で説明することが理解を深めることは、最近の教育心理学で明らかにされている知見である。

たどたどしくても語ってみる、それを相手が聴いてうなづいたり、補足したり言い換えてくれる、あるいは、はじめはわからなくても友達の考えや思いをとりいれて、言い換えたりことばを足してみる。これらのことが深い理解をもたらす。この経験が、知識を定着させていくのには必要なのである。

このためには、小グループやペアで話しあうときの話し方も問題になる。ダーウィンの進化論をまだ習っていない高校生に、動物の進化について事前にテストをしたうえで、そのテストの成績がほぼ等しい三群にわけ、それぞれペアで話しあうという説明構築活動のあり方を検討した研究がある。説明をする際に三群にわりあてたそれぞれ異なる三種類の手がかりを与えることにする。それぞれ自分が理解していないことを確認し説明する問題中心説明条件、自分の考えを説明し考えの論拠を示す論証条件、知っていることを思い出してできるだけ多く話しあう知識活性化条件の三条件である。事後テストとして知識適用問題、知識転移問題で理解度をテストした。その結果、問題中心説明条件群が、知識適用問題でも知識転移問題でも得点が高いという結果が得られている。ここからわかることは、二人で説明したり話しあう時に、何を知っているかを話しあうのではなく、どこがよく理解できていないのか、どこが問題か、どこを知りたいのかを相互に明確にしていく過程が、理解を深めるのに重要であるということである。「まだなんかわからない」「すっきりしない」ことを授業中に言いあえる関係こそが大事と言えるだろう。教えあい活動では知っていること、調べたことを相互に紹介しあうだけになり、相互にわかろうとするモニタリングは行われない。それゆえ協働は深まらないのである。

三　協働学習が機能しない場合

これまでにのべてきたように、ペアや小グループでの活動がいつも子どもたちの理解を促すわけでもない。米国の学習科学の研究者であるブリジッド・バロンは、四十八人の小学校六年生を、同性三人の小グループにし算数の活動として、そのグループで話しあって課題を解決した後、単独でも解決してもらい、さらに転移課題も実施して分析をしている。最終的に自分ひとりでもうまく解決できるようになった群とできなかった群との、グループ内でのやりとりについて解法が出されたときの他の成員の応答を分析している（表5－2）。成功グループでは正しい提案をした話者に応えて、提案を受容し議論をする役割をグループの他成員が担っている比率が明らかに高い。それに対して課題がうまく解決できなかったグループでは提案しても拒否したり無視している比率が高く、会話の一貫性も低い（表5－3）。小グループ活動では、生産的なやりとりが成員間で行われるための指導が必要になるのである。

教室の学習指導を研究している出口拓彦は、協働学習では二種類の指導が必要であ

カテゴリー	定義	例
受容	提案内容に関して同意を示す行為を行う。単純な同意から関連した根拠や新たな提案、質問を向けるような詳しい説明までを含む。またワークブックなどにこの提案を書きとめるなどの応答も含む。	「オーケー」「そうだね。というのは、これがそのしるしの間の距離だからだよね」「そう。つまりどれだけかかるかということを計算しなければならないということだね」「24マイル、ということは日没前にたどり着くということだ」
議論	提案を認める応答だが、直接受容したり理由なく無視するのではない。代案や例を挙げる。評価を示すような言い換えもこのカテゴリーに分類される。	「あなたはそれでわかったの？」「なぜ掛け算したわけ？」「ちょっと待って」「何をあなたは言おうとしたの？」「それについて考えさせて」「しかし、その船はどれだけ速く行けるだろうか」「それは3時間かかるんじゃない？」
拒否あるいは無視（関与なし）	理由なく提案を拒否したり、関連した応答が6ターン以内になかったり、聞いているという生徒の非言語的シグナルもない。	「私たちはそれを今しているんじゃないよ」「そんなばかな。それ間違っているよ」「私は今、別にすることがある」

表5-2　正しい提案への応答の分類基準（Barron, 2003）

	応答タイプ		
	受容	議論	拒否あるいは無視
成功群	0.48	0.22	0.3
不成功群	0.15	0.09	0.76

表5-3　成功群と不成功群における正しい提案への応答タイプ別比率

ると指摘している。ひとつは、「討議に関する指導」である。質問をすることの大切さや聞き手に対して説得力を持つ意見の言い方、自分の意見に対して他の人から反対意見を言ってもらうことの大切さ、相手を傷つけないで発言する方法、自分の疑問点の他人への伝え方、学習中にもめごとがおこったときの解決の仕方などを指導する。もうひとつは、内容がわからないひとに教えてあげることの大切さ、各メンバーが役割を分担することや協力することの大切さ、全員が参加できるようにメンバーが気を配ること、自分の考えを述べることの大切さなどを伝える「参加・協力に関する指導」である。

ペアや小グループでの活動は、ときには理解を阻害することもある。足を引っ張り合うことも起こるのである。「0.24と0.178はどちらが大きいか?」といった小数の大きさ判断の課題で、一人のみで解くと四二%の正解であったのに対し、二人で解くと七五%の正解であったことから、二人の方が一人よりも影響しあうことで誤った方略を克服し、より多くの問題に正答できることを示した研究がある。しかし二人で解いたときには正答でも、その後しばらくしてからテストを行うと、解けなくなっている子どももいる。メンバーから聞いた説明に納得できなかった子どもや、説明しても相手が同意してくれなかった子どもは、その方略を使わなくなったのである。

この結果は、協働学習では多様な考え方を短期間に提出でき、相互に考え方が影響しあう一方で、その時点の変化がその後にも定着するとは限らないこと、定着していくには相互の応答的な反応や説明を通したより精緻な理解が重要であることを示している。ときには声の大きい子に引きづられて誤った方に流れる危険性もある。だからこそ、本章最初の牧田先生の発言ではないが、教師は全員の傍らにいるような心構えでみていくことが必要なのである。

四. 協働学習のデザイン

協働学習に影響を与える要因

図5-4は小グループでの学習過程にどのような要因が影響を与えるかを示している。グループ活動の結果に対する評価が、個人に対してされるのかグループに対してされるのかは、生徒の行動を決める重要な要因である。規模や編成方法も学習過程に大きく影響する。またグループでのやりとりが促されるようにするには、役割や質疑の仕方など、グループ学習の進め方を生徒が学ばなければならず、その技能や知識

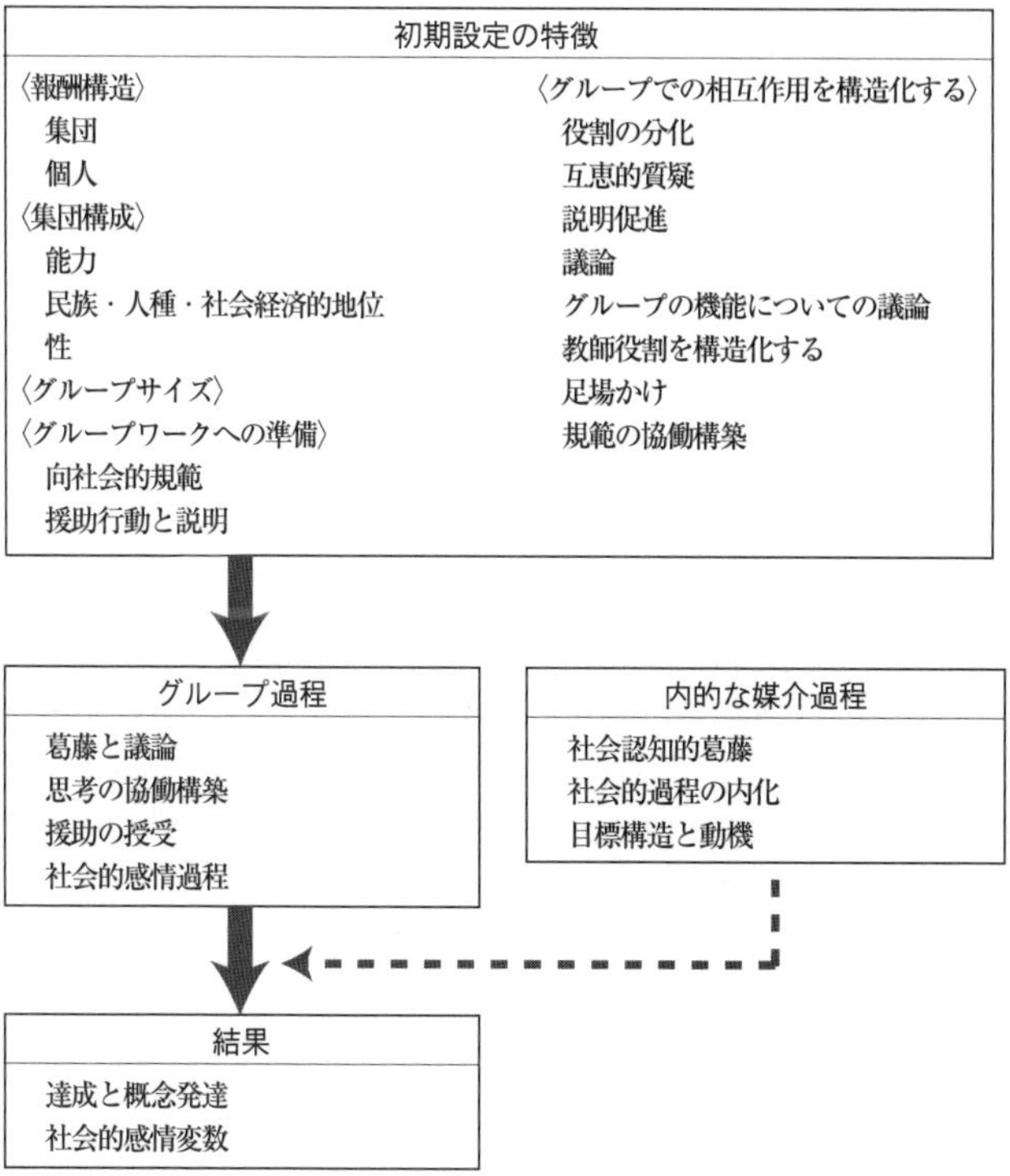

表5-4　教室でのグループ学習の過程（Webb & Palinscar, 1996）

ステップ	
1	指導目標を具体化する（学業の目標、協働技能の目標）
2	グループの大きさを決める（教材、課題、時間）
3	生徒をグループに割り当てる（同質・異質、自己選択か否か、固定期間）
4	教室内の配置
5	生徒の相互依存関係を促す教材の工夫（教材、情報交換、チーム対抗）
6	役割を割り当てて相互依存関係を促す
7	学習課題を説明する
8	目標面での相互協力関係を作り出す（グループでの遂行、グループへの評価）
9	個人の責任を求める体制を作る
10	グループ間の協働を促す
11	達成の基準を説明する
12	望ましい行動を具体的に示す
13	生徒の行動を観察・点検する
14	課題に関する援助を与える
15	協働のための技能指導を途中に入れる
16	授業を終結させる
17	生徒の学習を質的・量的に評価する
18	グループがどれほどうまく機能したかを査定する
19	アカデミックな論争を仕組む

表5-4　教師の役割（ジョンソンほか, 1998）

を教えたり育てる必要がある。そして教師も小グループでの活動が円滑に進まない時には、足場をかけ、相互に対等に聴きあうといったグループ活動の規範を伝えていくなど、グループ学習が機能するように援助することが必要となる。グループでの相互作用を通して個々人の学習過程が促され、その結果として教室で課題が解決できたり、概念が獲得され、達成感や一体感が培われていくのである。

協働学習をデザインする時の教師の役割は表5－4に示したステップであらわすことができる。実際にはステップは順次直線的に進むのではなく、生徒の状況に応じて往還的に進行することになる。

教師の役割

授業の多くは、協働学習だけで成立してはいない。教師の説明や教師との質疑応答による一斉型の学習形態とともに利用されることが多い。この一斉授業のあり方が小グループ学習のあり方に影響を与える。ウェブらは、生徒のグループ学習での会話は担当教師をモデルにし、教師が期待するような形のコミュニケーションであることを、一斉授業での教師の発話の分析と、そのクラス内で行われた小グループでの生徒の会話の特徴とを関連づけて分析して明らかにしている。そのグループ学習では、課題の答えをチェックしあうとき、正しい答えを写しチェックするだけで、より精緻な質問がなされることはなく、仲間の援助を求めるときにも一般的な質問で、自分が何をわかっていないかを具体的手がかりを示すようなたずね方にはなっていなかったという。そしてそれは、その教室の担当教師のコミュニケーションのあり方を反映していた。つまり援助要請や援助を与える際の具体的な方法のモデルを、教師自身が一斉授業の中でも示すことが、生徒たちが相互にそれを使ってみるためにも必要なのである。

　小グループ活動を入れる時期やどのような活動で行うかは、教師が見極める必要がある。図5－4はそのような協働学習の鍵となる事柄をまとめてみたものである。協働をいつどのように導入し、そこでどのような過程を期待し、またその後いかに生かしていくのか、ポイントは数多い。もちろん最初から最後まで小グループのみで進めていくことも授業時間によってはあり得るだろう。

　一斉学習と小グループ学習のそれぞれに適した内容がある。基礎として必要な技術や知識を習得させる段階では、生徒より能力の高い人、たとえば内容をよく理解している教師が教えたり、援助して学習の足場をかけた方が効果的であるだろう。これに対して、多面的、多義的な概念について議論し思考を深める場合は、年齢の近い者同士の方が有効である。より知識や技能のある熟達した人と話すと、その話をそのまま受け入れがちで、自分で考

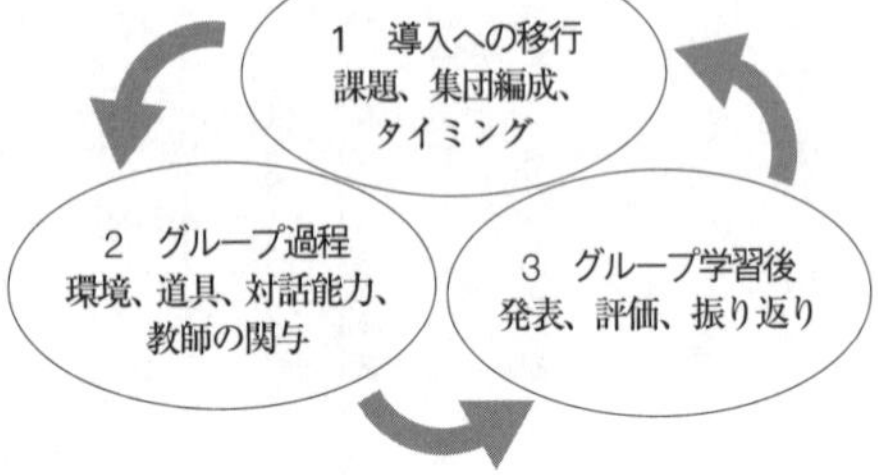

図5-4　グループ学習過程でのポイント

えなくなったり、自分の考えを言語化し明示化する機会がなくなってしまう。こうした場合は生徒相互の方がより精緻な足場がかけられて理解が促されるのである。個別学習、小グループ学習、一斉学習などのありかたを、授業内容や生徒の知識や技能に応じて、考えていくことが必要である。

ＩＴの発展は、学級の中だけではなく、学級をこえて他のクラスの生徒が同じ教材でどのような考え方があったのかを共有しあったり、学年をこえて過去の生徒の作品から学びあうことも可能にしている。また専門家の人など、教室を越えて様々な人が協働しあう学習環境や、コミュニケーションネットワークの構築も可能である。協働で学びあうコミュニケーションとコミュニティのための学習環境をどのようにデザインするかは、小グループでの協働学習にとどまらず、より広い意味での協働を生み出すことになる。協働はこれからの時代には不可欠な視座となると言えるだろう。そしてその時に大事なことは、一人ひとりの子どもが自分の学びを引き受けることである。学習をより深めるためには、挑戦し甲斐のある課題に、異なる視点や経験、能力の仲間がそれぞれの存在を認めあう関係の中で、課題に取り組む協働こそが大切であり、子どもの居場所と参加、そして共に没頭できるような学習を生むのである。

教師の実践的知識と即興的判断

専門家としての教師に求められるのは、生徒の学習や授業に関するさまざまな知識と実際に指導するための技能、生徒たちと実際に授業を進める場での判断、そして教師として行為する判断の根底にある倫理である。現在のような急激な社会変化の中では子どもや家族の生活状況も大きく変化しており、教える内容も変化している。それらの変化に応じて授業をデザインしてゆくことが求められる。そのためには知識が実践の中で働くこと、また授業の場での即興的判断こそが重要であると言えるだろう。

授業をデザインし実施する際に、教師は専門家としてどのような思考や判断を行っているのか。本章では実践的知識と即興性という二つの語をキーワードとして考えてみたい。

一　授業のむずかしさと悩み

長年にわたり小学校教員として教壇に立ち、退職後も全国各地の学校へ赴き、研修などを通して授業への具体的指導、助言を行っている石井順治先生は、子ども同士が学び合う授業を創ろうとしている教師の姿について次のように語っておられる。

「学びあう学びが、子どもたちの学びにとって欠くべからざるものだと信じ、その必要観と魅力のとりこになる教師が次々と現れています。けれども、その実現はたやすいことではありません。憧れを抱きながらも、やはり壁の前で戸惑い悩む教師は多いのです。

学びは学級で一つ生まれるのではなく、子ども一人ひとりに生まれます。そこには微妙な差異があり、その差異があるからこそ学びあいが面白いのです。しかし、その差異のある何人もの子どもそれぞれに応じながら、そのかかわりの中からそれぞれの学びを生み出すという行為は、なんとも複雑です。そこには、多様で温かくやわらかい心配りと、そこで生まれる事実に対する洞察力と、学びの先を見据える想像力がなくてはなりません。そしてそれらの背景には、テキストや課題が「みえる」、子どもの事実が「みえる」という、専門性と職人性が欠かせないのです。それがどれほどむずかしいことかは考えてみればわかります。学びあう学びは一朝一夕に生み出せるものではないのです。そう考えると、壁にぶつかって悩む教師が続出するのは当然なのでしょう。

しかしその悩める教師たちの教室で子どもたちの学ぶ意欲が減退し、学びそのものが停滞しているかというとそういうことはありません。子どもたちは自分たちの考えを受け取ってもらえない授業、よくわからないままやり方だけを覚えることになりかねない授業と比べれば、どんなにか心地いいのです。それは子どもたちにとって大変な変化なのです。教室の雰囲気に落ち着き感が出て、学ぶことに対する誠実さが生れたのは当然のことです。それでも教師たちは悩むのです。ただ落ち着いて学べればよいというだけのものではないと思うからです。それぞれの考えのすりあわせから生まれる学びの面白さはこんなものじゃない、すべての子どもが学ぶ意欲にあふれる教室はこんなものじゃない、そう思うからです」

（石井順治『子ども・ことば・授業』第二十一号、二〇一二）

教師たちにとって、多様な子どもたちを前に一人一人に深い学びを保障しようと考えた時にぶつかる悩み、よりよい学びのありようを求めて希求することで悩みつつ授業に取り組む姿が見えてくるだろう。

二　授業デザインの過程

教材理解の過程

第一節で紹介した悩みは、毎日の授業の、どの授業においても、よりよい授業を願いつつ進めることの中で生まれる。教師は年間に約九百時間の授業を行っている。つまりそれだけの量の授業を、日々デザインし、準備し、実施していることになる。もちろん教科の授業だけではなく、特別活動や生徒指導、部活指導など多様な業務がほかにもある。その中で、すでに教えたことがある内容でも、それをくりかえして良しとするのではなく、少しでもよりよい授業へと工夫を毎時間し続けるのが多くの教師の現実の姿であることは、石井先生のことばの中からも読み取ることができるだろう。

では一般に、授業はどのようにして、デザインし準備されるのだろうか。よりよい学びのための鍵はどこにあるのだろうか。カリキュラム、年間指導計画、そして、各単元の配当時間内で具体的に各々の授業時間をどのように組織し進めるかという授業

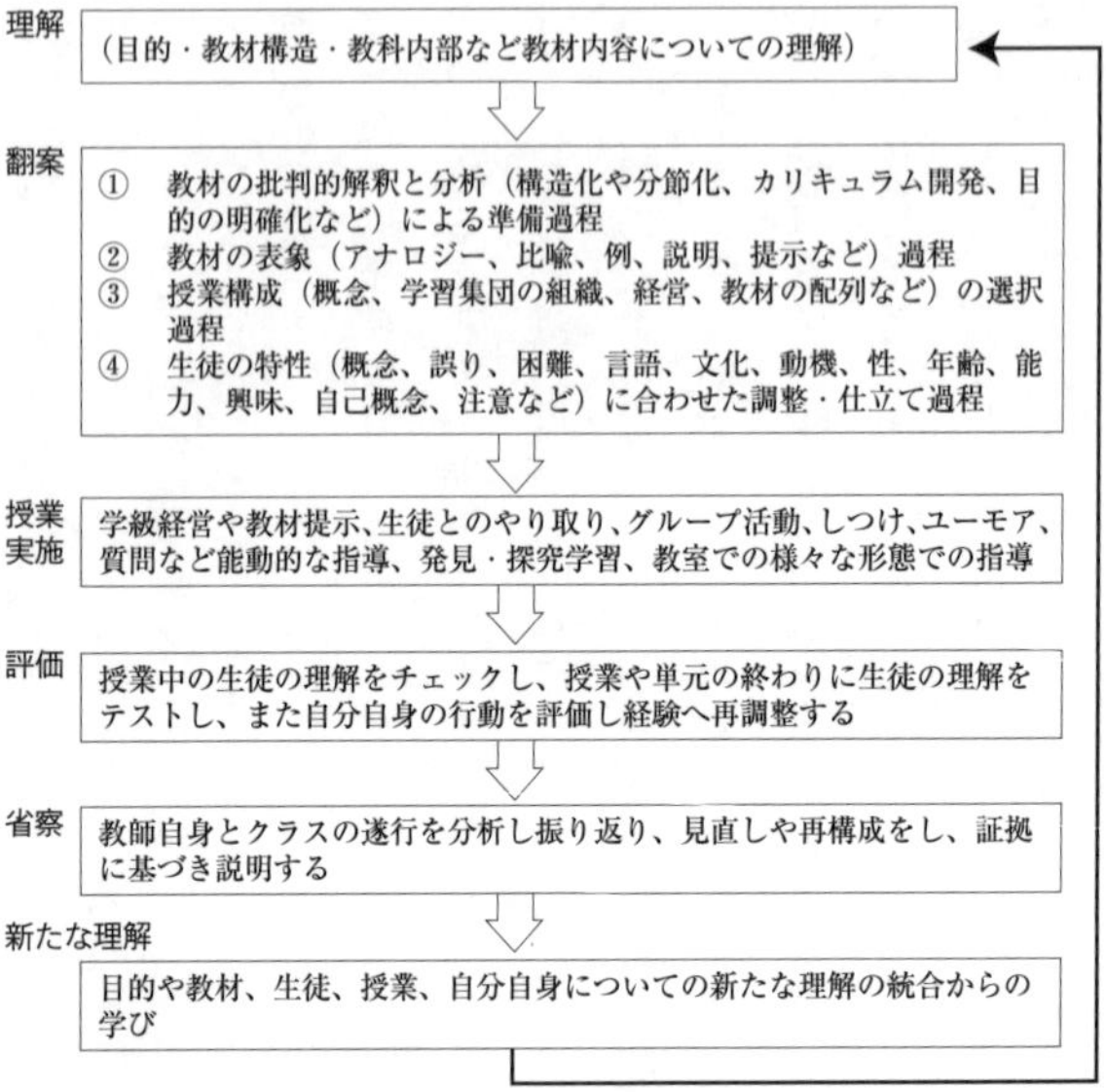
理解
(目的・教材構造・教科内部など教材内容についての理解)
翻案
① 教材の批判的解釈と分析(構造化や分節化、カリキュラム開発、目的の明確化など)による準備過程
② 教材の表象(アナロジー、比喩、例、説明、提示など)過程
③ 授業構成(概念、学習集団の組織、経営、教材の配列など)の選択過程
④ 生徒の特性(概念、誤り、困難、言語、文化、動機、性、年齢、能力、興味、自己概念、注意など)に合わせた調整・仕立て過程
授業実施
学級経営や教材提示、生徒とのやり取り、グループ活動、しつけ、ユーモア、質問など能動的な指導、発見・探究学習、教室での様々な形態での指導
評価
授業中の生徒の理解をチェックし、授業や単元の終わりに生徒の理解をテストし、また自分自身の行動を評価し経験へ再調整する
省察
教師自身とクラスの遂行を分析し振り返り、見直しや再構成をし、証拠に基づき説明する
新たな理解
目的や教材、生徒、授業、自分自身についての新たな理解の統合からの学び

図6-1 授業のデザイン過程

のデザイン過程は、現実の学習の質を決めるひとつの要である。図6-1は教師が授業時間をデザインし、それに基づいて授業し、振り返り、次の授業をデザインしていく過程を示している。

図中の、「(教材の)理解」と「翻案(transformation)」の部分がデザインの過程の中心である。図では、「理解」の次に「翻案」が示され、また「翻案」にも四つの下位過程が記されている。だがこれらは段階的、直線的に進んでいくのではなく、実際の場面においては、教師の頭の中で往きつもどりしつつ、一体となって進んでいく。

授業デザインの第一歩は、まず教師自身が、その教材をよく理解すること、すなわち、どのような内容を学習するために、その教材を使用するのか目的を理解することである。

教師自身がその教材で教えるべき中核となる内容は何であるのかを深く理解し、生徒に学んで欲しいものが明確になければ、生徒にわかるように授業を行うことはできない。またその教科内容の中でどのような意味を持っているのかなど、多層的な背景の中で教材を理解しなければ、教えるべき核が見えてこないだろう。「教師の発達なしにはカリキュラムの発展はない」というように、教師の教材内容に対するより深い理解、すなわち学問の体系の中でその内容がどのような位置を持つのか、どのような内容がすでに学ばれている必要があり、どの学習へとつながっていくのか、そして目の前の子どもにとって、単元へのどのようなつながりが感じられているのか、という三つの交差点の中で教材を理解することができれば、単元や授業は充実発展するようになる。この点で教材の理解、あるいは教材を取捨選択し、何をとりあげどのようにとりあげるか決めてゆくことが、授業のあり方に決定的に大きな影響を与える。

「知っていることと教えることは違う」と言われる。自らの教材内容の理解を伝えるだけでは授業にはならない。生徒がどのようにして学んでいったらよいのかという道筋を考えるのが「翻案」過程である。この中には、その内容を生徒が学ぶ時どこが重要なポイントになるか、どこが理解が難しいかを批判的に解釈し、生徒のわかりやすさのためにどのような構造化や分節化が必要なのかを考える「教材の批判的解釈と分析」過程がある。つまり、生徒の理解を推測しながら内容を組織していくのである。そのためには単元全体の流れをどのように分けて組み立てるかというカリキュラム内容の知識、生徒がどこでどのようにつまずくか、また学級のどこで意見や考えの多様性が生れるのかという生徒の理解に関わる知識が使われる。

教師自身の教材理解過程では、その教材と同時にそれにつながる多くの背景知識を得ることが重要である。これに対して生徒の理解に即したときには、その知識をそぎ落としていく行為が求められる。校内研修に関する著作を書かれた故伊藤功一先生は、前者の知識を豊かにしていく行為を一次的教材解釈、後者を二次的教材解釈と呼んでいる。幅広くその教材の内容についての知識を得ながらも、生徒が一つのことを深く考えられるように、それらの知識を中核となる内容へと収斂させていくための解釈である。このことによって、学級における授業内容の共有と理解深化が可能となる。

そして、具体的にどのような問いや例を出すのか、実物や映像を使用するのか、どのような言葉で表現し説明したり発問したりしていくのかなど、具体的な提示方を考える「表象過程」がある。ここでは同じ教材内容でも、どのようなメディアを用いてどのような形態で生徒がその内容に出会うように準備するのかという、教材に関わる指導方法の知識が使われる。熟練教師ほど多様なメディアを適切に使用するための知識を持っているものである。

さらに実際の授業にあたっては、学級全体での一斉指導や小グループ、ペアでの協働学習、個人で課題に取り組む個別学習など、どのような活動を、いつ、どのような学習集団で組織して行うか、授業の展開構成の仕方を選ぶ「選択過程」がある。ここでは教師の授業時間や教室空間の具体的な使用方法の知識が使われることになる。

また多様な特性や知識、経験をもつ生徒や、担当する学級の雰囲気にあわせ、授業をどのように変えていくかを考え調整する「仕立て過程（tailoring）」もある。

この授業の「翻案」中の四過程は、順に行われるわけではなく統合的に推移する。

つまり、授業を行う前には、授業のモデルを思い描き、事前にメンタルシミュレーションをしているといえるのである。そのシミュレーションが、どのように生徒たちの学習への意欲や理解過程と重なりあっていたか、また実際にはそのクラスでどのような意欲や理解の差異が生じたのか、実際に学習に要する時間などが予想できたか、これらが授業の質を決める重要な要因になる。そのための時間を確保することも必要である。また一人だけではなく、同じ内容を教えている教員相互の話しあいなどによって、内容や方法の刷新を図っていくことも大切だろう。

実践的知識と信念

この授業デザインのメンタルシミュレーションを支えているのは、各過程で説明したように教師の持っている知識である。新任の時期には、この教材では生徒がどこでつまずきやすいのか、どのようにすれば関心を持って自発的に考えられるのか、授業にどれぐらいの時間がかかるのかなどの推理が難しい。ある教材をある特性をもった生徒に実際に教えるにはどのような方法がよいのかという教材内容知識（pedagogical content knowledge）と呼ばれる専門的知識を、新任教師はまだそれほど多くは持っていないのである。また教科内容を教えると同時に、四十人近い生徒集団にある一定の秩序を与えて授業を組織していくためには、どのように毎時間の授業を進めるのか、教師と生徒の決め事である授業ルーティーンに関する知識も必要である。授業の進め方と教科の内容知識を組み合わせて使用しながら授業はデザインされるのである。

　この意味で、教師の実践的知識（practical knowledge）は複合的な知識である。図6－2

図6-2　教えること・学ぶことを理解するための知識（Darling-Hammond, 2005）

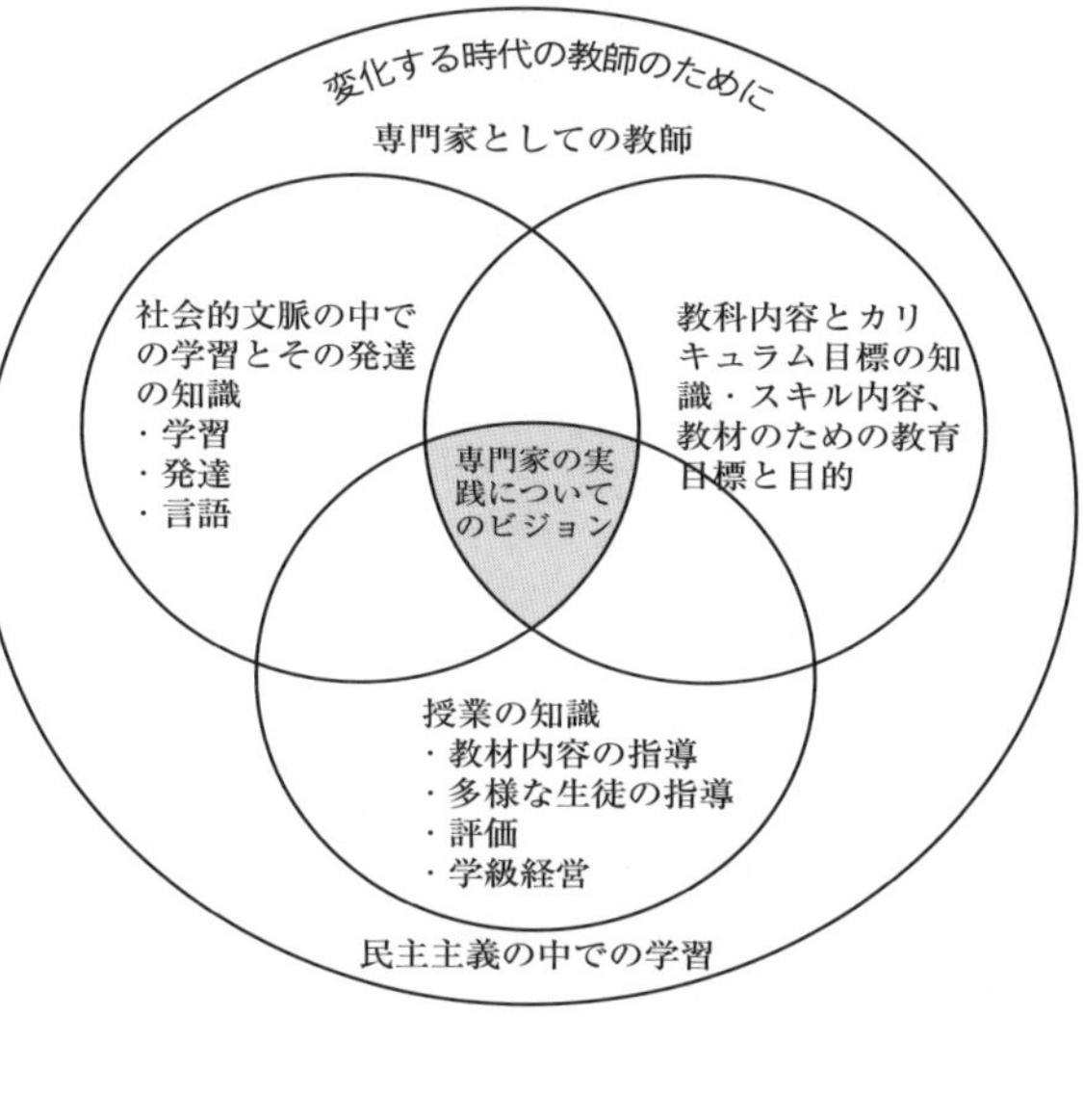

に示すように、内容の重なり部分の知識、この内容をこの学年のこのような生徒に教えるならばこのような方法と教材というような複合的な知識なのである。これは教職固有の専門的知識である。そしてこのようなときはこのような方法が適しているという状況的な知識であり、いわゆる教育学や心理学の理論として教科書に明示され言語化されているのではなく、身体化された暗黙知であるという特徴を持っている。だからこそ教師は経験の振り返りをもとにして行動に移すことができるのである。

この教師の実践的知識が生徒の学習や学力に影響を与えることが近年、示されている。指導方法や技能が授業での学習効果に影響を与えることは、一九七〇、八〇年代にも研究されてきた。たとえば教師の数学の問題解決能力が生徒の数学の成績と関連があることは欧米の小規模の研究では示されてきた。しかし教師自身の実践的知識そのものがポイントであることが近年では明らかにされてきたのである。米国で数学教師の実践的知識を研究しているヒルズ、ローアン、ボールらは、教師の持っているどのような知識が生徒の学力に影響を与えるかを、百十五校で小学校一年生から三年生の算数を担当している教師六百九十九名を対象にし、その教師が担当する二千九百名あまりの生徒の算数学力の伸びを通して調べている。

教師の数学に関する実践的知識を調べるテストとして、たとえば以下のようなテストを行う。

「教室で大きな数の掛け算を教えているとします。生徒の中に次のような解き方をした生徒がいました。

これらの生徒のうち二桁の掛け算に使える方法を使っていると判断されるのは誰でしょう。

生徒A	生徒B	生徒C
35	35	35
×25	×25	×25
125	175	25
+75	+700	150
875	875	100
		+600
		875

	生徒A	生徒B	生徒C
すべての数に当てはまる方法	1	1	1
すべての数には使えない方法	2	2	2
わからない	3	3	3

」

その結果、教職経験年数や教師の学歴（資格）、一般の算数指導方法やその知識、算

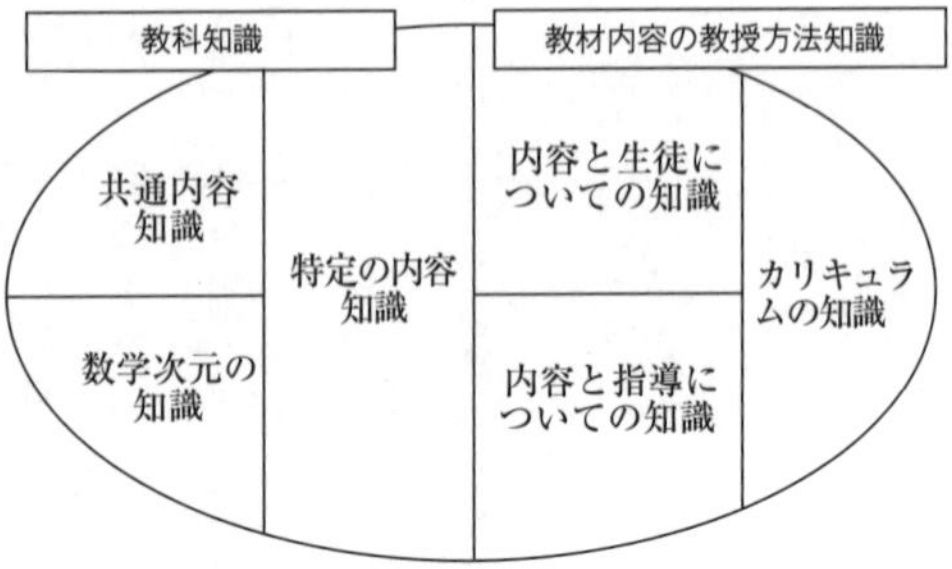

図6-3　算数・数学を教えるための知識（Ballほか, 2008）

数の実践的知識という多様な要素の中で、生徒の算数学力の伸びを説明する変数は、どちらの学年でも上記のようなテストで測られる教師の実践的知識のみであると考えられるデータが得られた。つまり生徒の学習のつまずきや思考法がわかり、診断できたり指導ができる知識こそが、教師の実践的知識として重要であることがこの研究から見えてくるのである。

このような数学リテラシーを指導するための教師の実践的知識は図6-3のように表わすことができる。左側は数学をできる、わかるという教師の知識である。これに対して、右側は生徒がその内容をどのように理解しているのかを推測できる知識であり、その内容をどのように指導していったらよく理解できるか、カリキュラムのデザインによって方向づけられるものである。
たとえば、

$$2 \div 2/3$$

という問いが出されたとしよう。

$$2 \div 2/3 = 2/1 \div 2/3 = 6/3 \div 2/3 = 3/1 = 3$$

という解決をある子どもがしたとすれば「この式では何が起きているのか」他の子どもにもわかるように相互に説明しあい、「なぜ分母分子を逆さにしてかければよいのか」「このやり方はすべての分数の問題においてうまく機能するのか」「図であらわせばどのように表わし解釈できるか」を具体物、半具象物、数直線図などさまざまな数学固有の表現など表現様式から考えていくことができることも、教師の実践的知識として求められる。

中国人でアメリカで研究を行うマーは中国とアメリカの小学校教師に、たとえば、

```
  123
×645
  615
  492
+738
 1845
```

のような生徒の誤りに対して、どのような知識を用いてその誤りを説明し、またその生徒に対する指導を具体的にどのようにするかというような面接を行った。その結果、図6-3の左側にあたる教師自身の知識と右側の指導法の知識の関係を明らかにしようとしている。誤りの原因として多数桁の計算の手順が違うことにのみ言及する教師は、生徒への説明においてもやり方の説明だけをすると答える。それに対して、桁概念や分配法則の理解という算数概念で誤りを分析して言及できる教師は、指導においても生徒の誤りを生かし、概念理解を精緻化し深めていく指導法が提案できる。二国間で調べると米国においては前者が多く、中国では後者が多い。このような教師の実践的知識の相違も生徒側の算数能力に影響を与えているのではないかとも考えうる結果が研究では示されている。

　またこうした知識を支えるのは、どのような授業が望ましいと考えるのか、教師の信念である授業観や、学習をどのようなものと考えるかという学習観である。それらが授業のデザインを根底で規定している。たとえば「授業は＊＊のようだ」「教えることは＊＊のようだ」といったような比喩を作成してもらうと、授業は「知識を伝達すること」と捉える授業観や「一緒に作っていく共同構成」といった授業イメージのいくつかのプロトタイプが現れる。これらの授業観は学校種や教科内容、教師の教職経験によってさまざまである。また教師は、教師役割や行為についても信念を持っている。しかしその信念に捕われすぎることで権威的になったり、実践が硬直化し新たな指導や生徒との関係性構築の可能性を見えなくする場合がある。そのようなときにはこの信念は「イラショナルビリーフ（非合理な信念）」と呼ばれる。

こうした教師の信念と教師自身の知識は、出来事の知識、事例（エピソードの）知識として結びつき蓄積されていく。したがって一般的な原理原則や命題的な知識だけではなく、経験によって得た出来事に基づく事例知識、そしてそこから教師一人ひとりが抽出明示化した授業のイメージが実践的知識の働きをときに促進し、またときには制約しているということができる。

三　授業実施における即興性

状況に応じた実践的思考様式

事前に授業をいかに綿密にシミュレーションしデザインしたとしても、生徒の理解状況や生徒たちとの会話を通したやりとりに応じて柔軟にそのデザインを再構成しながら、教師は授業を行っている。

図6－4は筆者らの共同研究として、熟練教師（経験二十年以上で創造的な実践を行っていると定評のあった教師）と初任教師（経験一～三年）の教師五人ずつに、面識のない授業者が行った同じ二授業ビデオを見ながら考えたことを話してもらった発話記録と視聴後の感想文の数量を、平均命題数として示したものである。この図からは授業を視聴中に熟練教師が豊かな思考を行っていることがわかる。さらに表6－1に示されるように、重要な場面には初任教師も熟練教師も注目しているが、思考の質に差異があり、熟練教師は表面的な印象や感想、事実の指摘ではなく、生徒の学習と教師の行為とのつながりや授業の展開の中で、その行為が持つ意味を思考していることがわかる。

これら熟練教師の思考の特徴をまとめるならば、時々刻々と変化する不確実な状況へ積極的、主体的に関与し、生徒の学習を中心にすえた、文脈、状況に即した、即興的な思考であるということができる。この実践的な知識に支えられながらの即興的な判断こそが教師の専門性といえるだろう。そして、さまざまな授業方法や生徒のニー

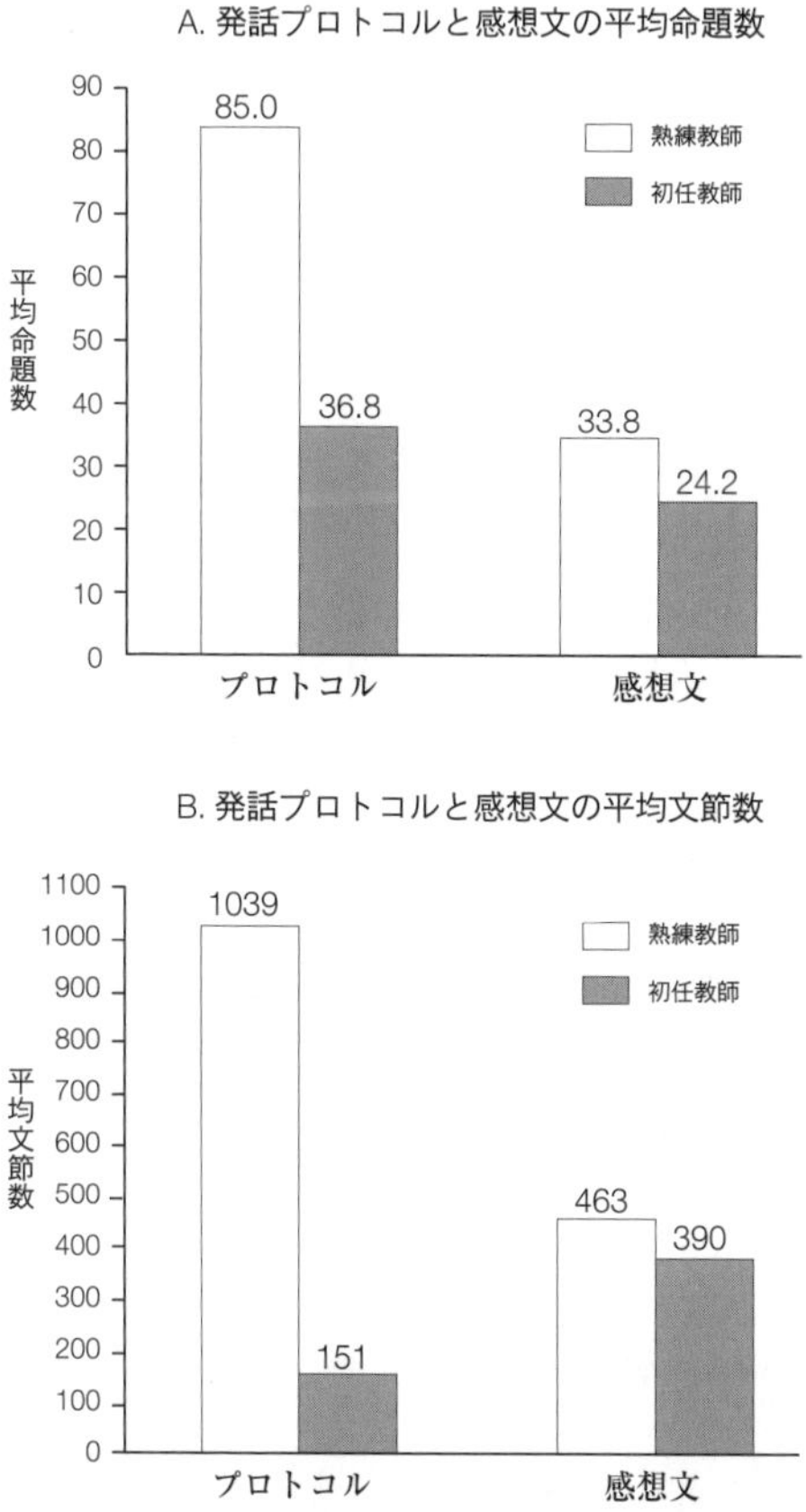

図6-4　熟練教師と初任教師の平均命題数・平均文節数の比較

同一場面への発話例（E：熟練教師、N：初任教師を示している）

N1	黒板に書く時は何も話さないで書く
N2	ふーん。そうねえ。
N3	（言及せず）
N4	「捨てれない」じゃなくて、「捨てられない」じゃないでしょうか。板書では「捨てれない」になっています。ちょっと板書が見にくいんじゃないかな。
N5	字、うまそう。
E1	ちょっと板書しているこういう間っていうのは、僕なんかも、板書やっていると、その間子どもは待ちの状態になるというのは、いたたまれない感じになるんですが、どうなんでしょうか。丹念に板書されているんだと思うんですけど、こういうものが子どもにとってどういうふうに働いていくのか、あるいは働くのか、そこらのところはどうなんでしょうか。
E2	ここで先生は板書しているんだけれども、板書はごく簡単でいいわけで、わからないでややもだえているような所は、こんなことなんだねっちゅうことを全体にはっきりさせればまだ共感者がいるはずなんだよ。
E3	先生はとってもきれいに板書してらっしゃるけれども、この時はもっと子どもの話が何人も聞きたいなという気がいたします。板書をやりますと、授業はあるところでストップしますので、最初の一人をお尋ねになったあと、もうちょっと続けて聞きたいなという感じがいたします。ま、その間に何人かの子どもが手を挙げていますから、一つの間になっているとは思いますけど。
E4	先生が大事なところをきちっと板書して焦点化している。
E5	やっぱり、板書している時にも手が挙がり続けているというのが、気になりますねえ。

表6-1　熟練教師と初任教師の同一場面（板書）に関する発話

ズという互いに葛藤する要求の中から判断を行っていく点で、教師はジレンマ・マネージャーであるともいえるのである。

「授業は教師と子ども、子どもと子どもとの激突によって、絶えずそのときどきの新しいものを発見し、生み出し、創造していくものである。新しいものをつくっては、それを踏み台にして積み上げ積み上げしていくものである。……だから授業においては一度発見し創造し完成したものは、惜しげもなくつきくずし、つぎの新鮮な完璧なものを作り出していかねばならない。それを一時間の授業のなかで、またひとつの教材の何時間かの授業の中で、何回もくりかえしていかなければならない。そういう新鮮な流動したものを、授業の中に数多く作り出すことによってだけ、子どもも教師も常に流動し新鮮になる」（斎藤喜博『授業』）

これは第二章でも紹介したが、実際に教鞭をとり、また島小学校という新たな学校づくりに取り組んだ斉藤喜博校長の実践記録の中の一文である。教師の即興性を実感を伴って語ったものといえるだろう。専門家には技術をもっているだけではなく、的確な判断が求められるのである。

教師は子どもの学習過程に応じて教育内容を組織し、授業を行っている。しかし授業において、教育内容の指導だけを考えているわけではなく、授業に参加している子どもの成長や発達、子どもが学校や家庭で経験している生活背景へのケアも同時に考えながら、子どもたちそれぞれに応答している。つまり授業における判断は、学習という知的側面だけではなく、教室での社会的な対人関係の側面や自己の成長を考え、教師と子ども、子ども同士の対人的関係性をも考えた道徳的（moral teaching）、倫理的判断である。子どもたちの表情や動きから、どの子どもといつ関わるべきかを教師は判断し、その子どもが教師を求めている教育的瞬間を察知するのである。このような思慮深さをヴァン・マーネンは教育的タクトと呼んでいる。

実践的知識の発展と変化

教師はすでに自分がもっている実践的知識を使用して授業をデザインし、授業中に子どもとの相互作用を通じて即興的な判断をしている。しかしまたその判断や行為を通して、自らの実践的知識を変化、発展もさせている。この意味で教師の知識は、生成され続ける知識である。

ジェニファー・セイモアとリチャード・レーラーはある一人の教師が算数の授業に

ついて、教室談話を通してどのように学び、実践的知識を変化させているか、二年間の縦断的研究から捉えている。

教室談話の中で生徒の発言を復唱する（リボイシング）という教師の行為がある。この行為に注目すると、生徒の発言をただそのまま復唱したり、あるいはその内容を言い換える会話をしていた教師が、たとえば「関数の傾き」について教師自らが理解を深め教科内容の知識を得ていき、それとともに、生徒の発言の中でも「傾き」という当該単元で教えるべき内容に注目させるように生徒にむけて復唱したり、より数学的な内容や言葉、語り方に注目して生徒とやりとりするように変化していく様子が明らかになってきた。

つまり、一般的な教えるべき内容の数学的知識を持っている状態から、生徒それぞれの具体的な思考や発言に随伴する形で、教室談話を通して数学の内容を密接に織りあわせる復唱をできる教師に変わっていったのである。時々刻々と変わる生徒の会話のバリエーションに応じてより即興的にチューニングできるようになったといってもいいだろう。その教師の変化によって、生徒たちも数学的活動に参加し、数学的な推理や談話ができるようになっていく。

教師の実践的知識は、安定的固定的なものではなく、子どもとのやりとりを通して生成的に進化発展していくのであり、それが教師の適応的な熟達化である。たとえば以下は、小学校で説明文「アリの行列」という単元で、形式的段落を中心にして行っていた小学校教師の濱野高秋先生が、説明文の読み方を考え工夫していくことで子どももまたそれに応えていく姿を語った発言である。

「例えば、「アリの行列」は、なぜアリが行列をつくるのか、それが読み終わったあとに、あーそうだったんだ、アリってすごいね、ていう、そういうものが残らないと、ただ単に段落分けました、はい、ここではアリが行列を作ること書いてあります、ここでは何か液を出すこと書いてあります、こうやって、巣に帰ることが書いてありますって、分かったところで、それで何？　そうじゃなくて、やっぱりその、授業終わったときに、アリが行列をつくることの必然性と、アリがそういう風にやって生きていることの素晴らしさ、というものが分からないと、説明文読んだって何も意味がないな、という風に思う。段落分けだとか文の構成っていうのは、僕は二の次だと思う。そこでその子どもの疑問に沿う資料を出して重ね読みをしながら、本文の言葉を読み深めるようにやっていくと、子どもは説明文って面白いね、という風に言う。去年ぐらいからそういうことを意識的にやってきた。その前には説明文って面白いねって言ってくれたことって、あんまりないんだわ。子どもから。むしろ、先生まだこのお話終わらないの、ということはあった。だから、その辺がやっぱり、なんて言うのかな、こちら側の教材解釈と渡し方、子どもとの授業の進め方を工夫することによって、変わってくるんだよね」

このような創意工夫に対する授業中の子どもからの応答の手ごたえを感じることによって、さらに実践的な知識が新たに形成されていくと言えるだろう。そこには単なる繰り返しだけではなく、自らの行為に対する批判的な省察に基づく変化がある。この先生の場合であれば説明文の授業で何を追究したいのか、意味づけが変わることで、持っていた指導法の知識のうちどの知識を使用するかが変わり、それに応じて教材に関する知識もきめ細かく変わっていく。

つまり、あるひとつの領域や分野の知識でも、テキストに記されているような全般的で宣言的な知識から教室の状況についての一般的な知識、さらにこのような場合はこのようにするというような安定的知識、さらには目の前の生徒に応じながら安定的知識を柔軟に変化させて使う適応的知識、そしてその適応的行為を振り返り後輩たちにも語れるよう自覚化されまとまりを持つ分析的な省察的知識になっていく。状況に応じて行為し、行為の中で考えてその状況から学び、さらにそれを振りかえることで教師の実践的知識はより暗黙に働く、身についたきめ細かな知識となっていく。教師の知識は量的により広くなっていくと同時に、質的にも教職経験とともに変化し洗練されていくのである。

また教師の知識は個人だけのものではない。共有すべき知識基盤として国や社会が教科書や教師用指導書に策定する内容も、教師の実践的知識の形成に寄与し、またその時代による変化も教師の知識に大きな影響を与える。

たとえば東アジアの国々は国際学力テストTIMSSやPISAでは算数学力テスト特点の上位国であるが、各国の算数観の違いから教科書のあり方も異なっている。河野麻沙美は日本とシンガポールの、小数乗法の同一単元における複数社の教科書を比較し、日本では複数解法を提示したり説明や検討を要求する設問が記載され、図による表現は数量関係を示すモデルとなって使われていること、一方シンガポールでは文章題の出題には数式、筆算、モデル図、英語文章での答えが定型的に記載され使用される図も簡潔である点を指摘している。

教科書レイアウト例：日本

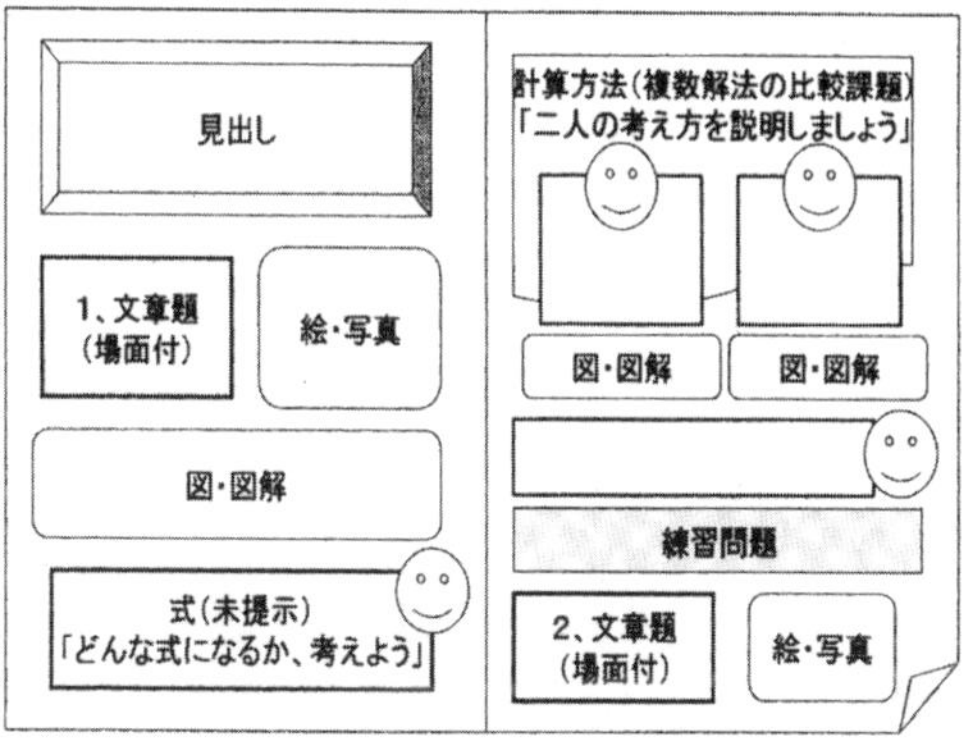

教科書レイアウト例：シンガポール

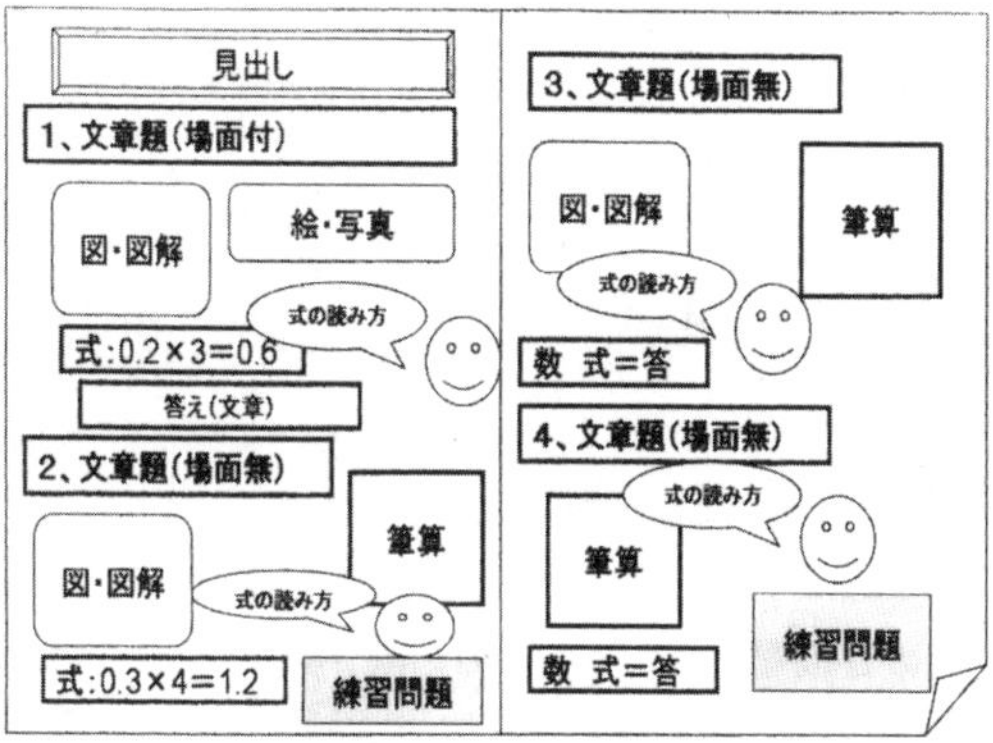

図6-5 小学校算数の教科書レイアウト例：日本とシンガポール（河野, 2010）

図6-5のようなレイアウトがそれぞれの典型的な配列である。シンガポールではモデルとなる図式表現や解法が提示され、それらを効率的に学ぶことを繰り返す形式であるの対し、日本では複数の解法を通して話し合いながら意味の理解を深める構成になっている。学校での教科のコミュニケーションやそのために使用される教材、教材を使用する教師の実践的知識は、社会文化により歴史的に規定されている。知識は社会文化的に形成されていくという点を自覚することが、これからの教師の実践的知識の形成に、新たな可能性を開くといえるだろう。

◉第七章

校内研修と学校文化

学校は子どもが学びあう場所である。そして学校は、教師たちもまた専門家として教えることを学び、同僚と共に学校づくりを一緒に探究する場所でもある。校内研修は、学校という組織における教師の学びの中心となる場ともいえるだろう。学校という組織のそれぞれのあり方と、校内研修のあり方は密接に関係している。本章では校内研修と学校文化について考えてみよう。

一　学校間の移動

中学校の国語科教師であり、学校で研究主任を担っていた高橋和代先生は新たな学校に異動してからの七年間を振りかえり、次のように述べている。

「新しい学校に赴任すると、その学校その学校なりの特徴があり、未経験ゆえに不安が生じる。この気持ちと同じように、現状に先行する研究の場合、誰もが行ったことがないものだからこれでいいのだろうかと常に不安に陥り、過去に実践してきた経験のある状況に戻り安心を得ようとする。この不安を支えるためにまず自分が行っていることの価値に裏付ける理論の力と、今行っていることがこれからの未来につながっていくのだという社会現状の分析力が必要となる。これらを学校の中だけではなく、外の皆とともに共有しながら「授業」を、「研究」を、進めていく必要があると思う。そのために自分の行っていることを捉え直し、公の場で価値を意識しながら、公の視点で語る必要がある。公の場で語ることは語った内容に責任をもたなければならない。その裏付けのためにも、想像で話すのではなく、私たちは実践家だから実践を通して語っていきたい。

このように外部に(むかって)公の場で語ると気が付くことがもう一つある。それは中学校のコミュニティ(共同体)の存在だ。内部だけで話している時には自然すぎて気がつかなかった仲間の存在である。人事異動により転勤した教員がこの感覚を一番よく感じているに違いない。転勤後一様にこの中学校のコミュニティの存在を口にする。コミュニティの価値を知ったものはあらたなところでもコミュニティを育てていきたくなるはずだ。私たちの探究するコミュニティが素直に正直に語り合うことによってヴィジョンを共有し、公の場で語ることを通して新たなコミュニティを知りさらなる自発的コミュニティを作っていけたなら素晴らしいと思う。

このように考えてくると「教師」「子ども」の区別なく、学ぶということ、先に進むということにおいては、皆人は同じであることを感じる。「発意」がやってみたいことを生み出し、学び合うコミュニティの仲間の存在に安心し、尊敬する人の言葉から支援や勇気をもらい、今後も私たちは探究し挑戦していく」

（福井大学学校改革実践研究報告第四十四号、二〇〇九）

日本では転勤という制度がある。新たな学校に移るとそこには異なった学校文化がある。そこで教師もまた同僚と共に学びあう関係が新しく形成されることによって、探究が行われ続けることが文章から読み取れるだろう。

そしてまた彼女は教員の役割についても述べている。

「一年目の先生には一年目の先生の役割があり、四年目の先生には四年目の先生の役割があり、七年目の私には七年目の役割がある。それぞれが自然にその役目を果たしてしまうところに、この学校の研究の不思議さと継続の秘訣があると考える。様々な学校や機関で新しい挑戦が始まっている。次の課題は「継続」である」

この文からは、教職経験だけではなく、その学校に来て、その学校文化の中で何年経過したかが、学校組織の継続と刷新に大きな意味を持つということが読み取れる。各学校における学校の教師文化、生徒文化は日々の行為の中で継続し受け継がれていくのである。この持続可能性と変革の両面が、学校を常に学びあう場としていく。

二　学びの専門家としての教師

教師の学びあう共同体の形成

「教師」ということばを文字通りにとれば、「師として教えることを専門にする人」と捉えられる。しかしここに紹介した高橋先生のことばのように、子どもだけではなく教師もまた学び続けて先に進み、ときには過去に立ち戻り、いきつもどりつしながら、新たな実践を続けていく存在である。そしてそれは急速な社会変化を時代背景としながら営まれている。

子どもたちの経験や生活も社会とともに大きく変化してきている。情報の変化につれて学習指導要領も変わり、自分が大学で学んできたことや若いときの教師経験がいつまでもそのまま通用する時代ではなくなってきている。またマルチメディアを用いた学習環境も整備されて普及し、情報機器も豊かに活用できるようになってきた。子どもの変化、教科内容の変化、教育方法や教材・道具の変化に応じて、多くの情報の中から、学ぶに値する内容を取捨選択し、子どもたちに知識が深く理解でき定着するような学習活動をデザインし、授業を実施していくことが今日の教師には求められている。

すなわち、次々に届く新しい情報にゆれ動くのではなく、生徒にとって必要な意味ある経験を選び出す力量を備え、子ども、同僚、地域や他の専門家から学ぶ、学び上手で、慎み深く自らを拓き続ける専門家であることが求められている。

学校の中で教師同士が学びあう関係を作っていくためには、高橋先生がヴィジョンやコミュニティの価値について述べたことや、図7－1に示されているように、同僚たちと、どのような授業や教育を実現したいかヴィジョンを中核に共有することが必要である。そして実践を通して授業のレパートリーを相互に学びあい、授業内容や方法、生徒や文脈の知識を共に構築し、授業に関する考え方や推理の仕方、語り方、教え方などの心的習慣を共有し、教室で使用できる資源のあり方を議論しあっていくべ

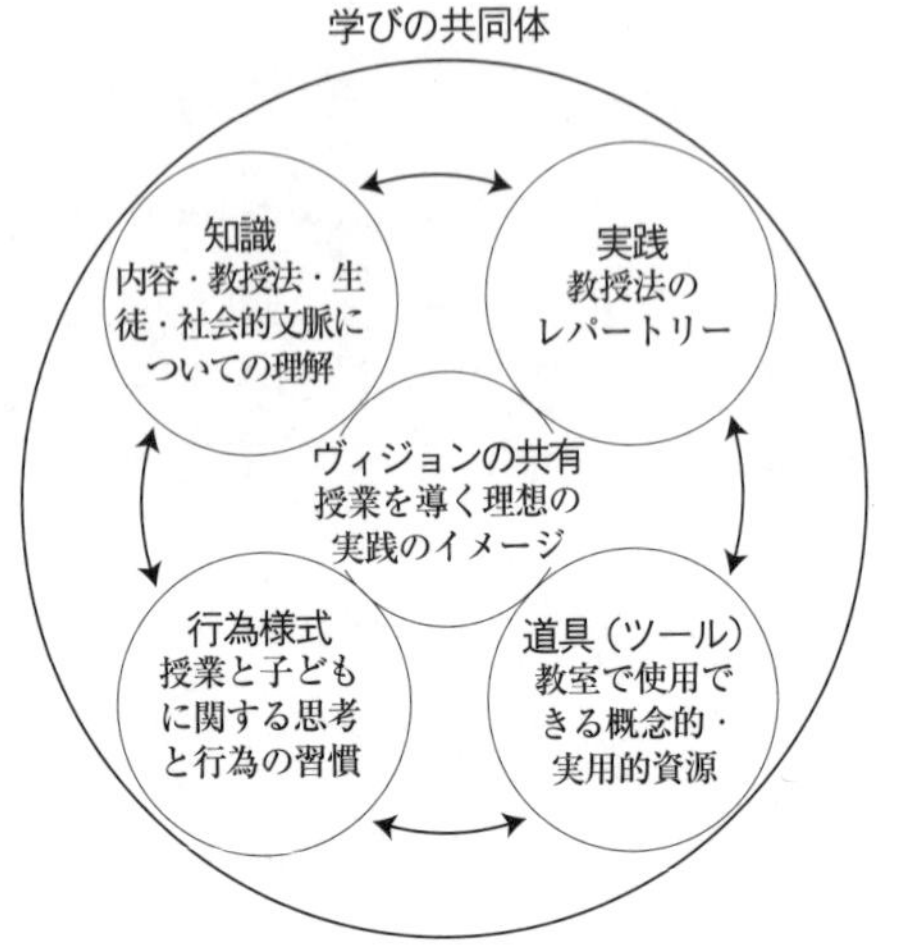

図7-1　教師が教えることを学び合うコミュニティ

きなのである。

事例からの学び

専門家としての学びは、テキストなどに命題として書かれている一般的な法則や理論を学ぶだけのものではない。授業の実践という複雑な経験のなかに手がかりをいかにして得て、そこからどのように状況を解釈し行動するのか、その状況で何を優先するのかという知識を得てゆくことであり、そこで働く原理や秘められた多様な価値を学んでいくことである。

医者や弁護士などの専門家が、症例や判例という専門の個別事例から学ぶのと同様である。教師もまたカリキュラムや授業、活動、生徒の学習といったことについての事例から学ぶことが必要である。ただし、医者や弁護士の場合には、患者や相談者が問題を持って解決を求めてくる。そしてその問題が解決すれば、その案件は終わりである。これに対して教師の場合には、何を事例として学ぶのか、何が問題や課題か、対象とすべき事柄は極めて広い。一時間の授業、一つの単元に責任を負うのみならず、担任する学年だけではなく入学から卒業まで、さまざまな児童・生徒の育ち、また個人だけではなく集団としての学級の育ち、とひとりの教師が取り組む事例は多様で不確実性を持っている。

そして、教師の知識は身体化された実践知となっていなければならない。頭でことばとしてわかるだけではなく、目の前の子どもたちに応じて特定の教材をデザインしていく能力、時々刻々と変化する授業の中で子どもたちの学びへの息づかいを感知し、学んだ知識が活用でき状況を判断し行動する能力が求められる。これは「実践化の問題（problem of enactment）」と呼ばれる。学校などでテキストを開いて学問を机の上で学ぶ学習との大きな相違である。授業の場に実際に身を置いて、身体感覚を共有して学ぶことのできる場としてその時間を体感すること、そして相互に参観し省察し語ることを通して、学んだことを実践の場で生かせることが最も重要となる。

自らの授業の実践経験を通して、あるいは他者の授業を参観することを通して、教師は学ぶことができる。すなわち、教師は「事例」から学ぶことができるのである。リー・シュールマンは、よい事例には、計画段階（指導案）には想定していなかった、具体的な文脈の複雑さ、偶然生じた出来事、授業者の予想や思いを越えた事柄が何であったか、そこから何に気づいたのか、気がかりとなったのか、どのような感情が生じたのかが記録されているので、授業の場に立ち会った者や事例記録を読んだ者が代理経験ができるとしている。図7-2に示すように、事例の要素となるのは、意図や予期とそれに反した変化やチャンス、そして判断したこととその過程を分析したり振り返ったりする省察である。

これらの要素を持つ出来事に対して、自分自身の直接経験である一次経験を抽象化したり他の経験と関連づけて対象化してみることで、二次経験すなわち物語としての事例記録ができる。これまでの他の経験とつなぐことで一次経験は二次経験として意識され定着していく。

またこの図には記されていないが、三次経験として、その物語の中に別の物語や新たな意味を見出していくこともある。コミュニティのメンバーが語り合いながら、その新たな物語を共有するのである。そしてそこから導き出された原理やルールが、次

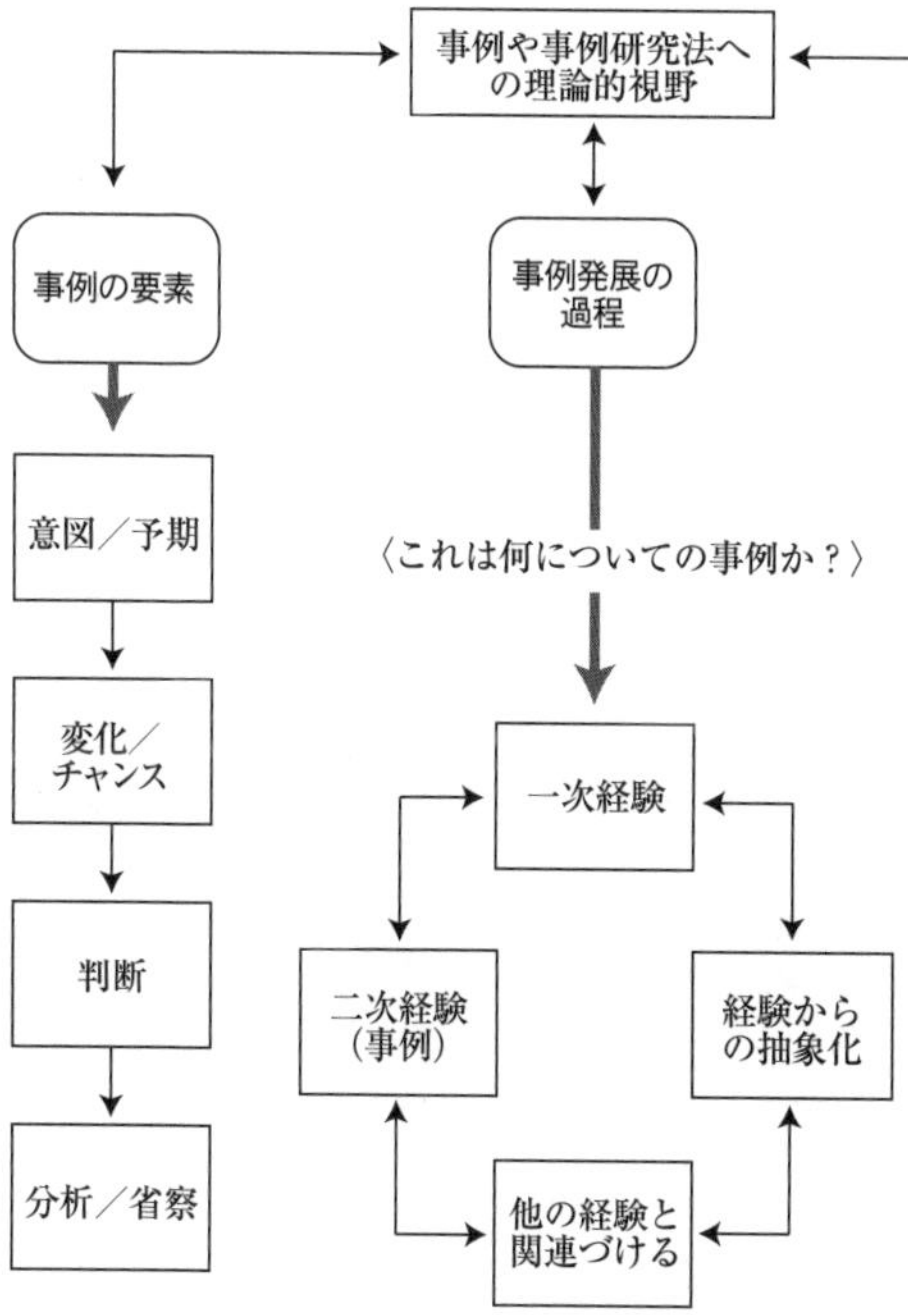

図7-2　事例から学ぶ学習過程（Shulman, 2003）

の授業をデザインし実践していくときの知識となって有効に働くのである。

こうした事例に基づく学びは、実際に行動し、それを振り返り、同僚と協働でその事例を物語っていくという複数のステップを伴う。そのことが学びあう共同体や教師文化、学校文化を形成していく基本となる。テキストやマニュアルの断片的な命題的知識を一つのまとまりをもった出来事の物語へと変換していくのが、事例からの学びである。

事例は、一般化された理論にはない文脈を与えてくれることで、理論と実践をつなぐ役割を果たしている。したがって、文脈が異なればその実践は有効には働かない。異なる文脈で使ってみても機能しないことも生じるのである。どこかの教室でやっていたものをそのまま真似してもうまくいかないのは、文脈が理解されていないからである。また文脈や状況に応じて実践の内容を変えていく柔軟性がなければならない。パッケージ化された知識とは異なり、授業では同じ物語を二度経験することはない。この意識を持って事例を語りあい聴きあう。事例を読み、書く経験の中で文脈が理解され、自分の学校の文脈の中で類似の経験を発見したり新たな着想を思いつくことができるのである。

教育探究のアクションリサーチ

このように教育実践をデザインし、意図的に実践を行うと、そこになんらかの手ごたえとさらに挑戦や探究したい事柄が生まれ、次回は修正したいと考える課題が見えてくる。そしてそれを事例として省察し、心に刻み、追究していく協働での探究過程は、教育探究のアクションリサーチ過程とも呼ぶことができる。

アクションリサーチは、一九五〇年代にアメリカの社会心理学者クルト・レヴィンによって考案された研究手法である。彼は「書物や論文以外のものを何も生み出さない研究では満足なものとは言えない」といっている。このアクションリサーチの方法は、イギリスやアメリカで一九六〇年代、七〇年代に「授業改善——カリキュラム開発——教師の専門性の発達——学校改革」をつなぐ教師の手による教育研究の方法として展開されてきた。

「探究者（研究者）としての教師（Teacher as researcher）」という考え方は、このアクションリサーチの方法とともに生まれてきたものである。その背景には、教育を改革することが民主的な市民社会の実現のための根幹であると考えた英国の教師たちによる実践があった。アクションリサーチは授業法や教授法の変革だけではなく、実践に携わる人々の人間関係も変えていくことになる。社会や、組織・集団の中の力動を変えることで人の振る舞いは変わるという力動の変化としてのグループダイナミクスの理論へと、レヴィンはその後彼自身の研究を発展させていった。

以上に見たように、教師は問いをもって授業やカリキュラムを探究していく専門家である。「自らの実践における課題の発見と分析――課題となる事柄への働きかけ――実行と効果をモニターし記録する――効果を評価し、次のサイクルへ」と螺旋的に教師の探究は展開していく。

教えるという行為をするだけではなく、よりよい実践へと改善の意識を持って授業を評価し、集団の力学や学習法を変える試みは、精緻な自然科学の方法にはなじみにくいと言われた時代もあった。だが実践者と研究者が協働して、ともに主体的に行う研究方法として、今ではこのアクションリサーチはもちろん、それに類した方法がいろいろ用いられるようになってきている。

三　教師文化と同僚性

教師文化の型

校内研修は、教師の学びの重要な場のひとつである。しかし実際の学校は忙しく、必ずしも学びあったりともに探究できる状況とは限らない。学びの場として学校が機能するか否かは、学校組織における教員間の関係性によるところが大きい。

教育社会学者のアンディ・ハーグリーブスは教師文化の型として、五つのタイプを挙げている（図7－3）。

教師個々人が孤立し発達の契機も少ない個人主義型、各グループが分断して閉じており成員はその下位集団には愛着を持つが全体としては一貫性がない諸グループ独立分割型、何事も一緒にし相互に打ちとけ合っているがマンネリ化やパタン化も起しやすい協働的文化型、官僚制的リーダーシップによって同僚性がスケジュール化され階層的に管理される設計された同僚性型、目的や必要に応じてプロジェクトのような形で自在に動くモザイク型である。

重要なことは教師間の関係が固定化や固着化せず、目的に応じて柔軟に協働しあう関係が形成されているかである。そしてそのためには、リーダーシップが分散することの大切さと、学校の共通のヴィジョンが明確にそれぞれの成員にわかち持たれていることの大切さをアメリカの学習科学研究者のウィリアム・ペニュエルは指摘している。同じ規模の学校であっても教員各自にヴィジョンが共有されているかどうかによって、分断孤立化するか、コミュニティの感覚を持てるか、が違ってくる。本章の冒頭で紹介した高橋先生の文章中に、「コミュニティ」の語が何度もでてくることの価値は、こうした指摘からも評価できるだろう。

同僚性

教師には教育に対して共通の展望をもち、ともに仕事をしていく関係

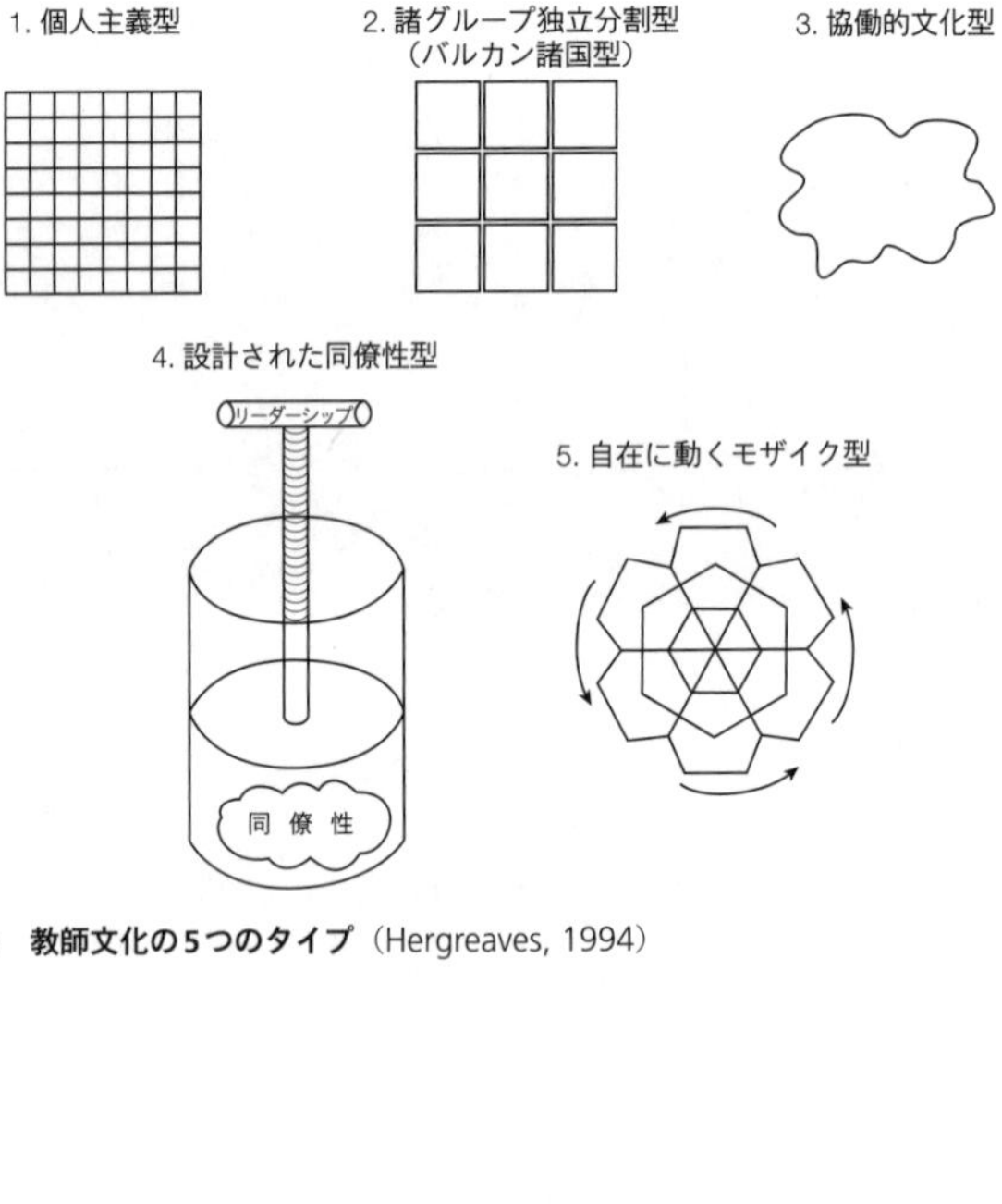

図7-3　教師文化の5つのタイプ（Hergreaves, 1994）

が求められている。これを「同僚性（collegiality）」と呼ぶことができる。同じ職場で働いている人は同僚だが、同僚性とは同僚であるという事実だけではなく、それがどのように機能しているのかを示すことばである。

アメリカの教育社会学者で「同僚性」の概念を提唱してきたジュディス・リトルは、職場での教師のコミュニケーションの規範が学校によって異なること、生徒の学力向上に成功している小中学校とそうでない学校での教師間のやりとり頻度には違いがあり、成功している学校では、同僚との相互作用の頻度は高く、対話する相手となる同僚数は多く、一般的な話題の会話を超えて、共同で授業計画や教材準備、授業を相互に観察し語り合うというように、コミュニケーション内容にも相違があると指摘している。

また、一方的に出来事を話したり、困ったときにだけ援助しあう段階から、専門的知識や授業の出来事を共有する段階、一緒にひとつの新たなヴィジョンやカリキュラムなどをつくり出す創造的仕事をする段階へと同僚性が発展するほど、教師が相互に支えあう関係は深まっていく。

同僚性形成のポイントは、①集団として研修に取り組むこと、②教師の専門性において最も重要な内容であるカリキュラムや授業に焦点をあてた仕事に重点的に参加できること、③授業の複雑性や実践を具体的に語る言葉をもっていて評価できること、④教師個人の能力ではなく授業に焦点をあてて議論ができること、⑤さまざまな教師が相互に新たな実践を楽しみ、他者の関心や責任に配慮を払うこと、⑥それに知識や技能を互恵的に学び、信頼を得られるに十分なだけの頻度で議論できる会合を行える組織になっていること、⑦それにより理解の共有、探究の共有が促されることである。

これらの条件によって、教師間での対等平等がうたわれながらも、個人志向が幅をきかせ、相互不可侵の原則で分断され保守的になっている教師集団から、相互に自律性を持ちながら協働しあい、専門家としての見識を発揮する革新的な集団が生まれるのである。

実際の校内研修では、校長や副校長、教頭などの管理職は、学校全体がむかう展望を示すと同時に、授業から学ぶという点では他の教師と対等に語りあうことが必要である。

表7－1は授業研究の改革のモデル校とされた茅ヶ崎市立浜之郷小学校で行われた授業検討会での、谷井校長（当時）の語りの一部分である。校長先生は取り上げられ

た一コマの授業のみではなく、授業者が何を探究してきたのかという取り組み全体を認め、そこに共感している。そして、だからこそ授業者が力んでしまったという授業の難しさも率直に指摘している。しかし、授業が良かったのかどうかといった評価を語っているのではない。子どもたちが落ち着かなくなったり表情が硬くなっているという専門家として感覚的に感じ取った非言語的な情報を示し、また具体的に誉めることばより禁止のことばが多かったと指摘し硬さの原因も読み解いて語っている。そして、それではどうしたらよいのか、自分が実践者であったならと提示している。授業の全般的なことのみを語るのではない。特に授業の中で押さえたい場面を具体的にとりあげ、そこで授業者の思いと子どもの動きの中に実際に生まれた問題の齟齬を指摘していることがわかるだろう。

このように具体的な指摘が根拠に基づいて行われ、何を参照したらよいのか、そしてそれはなぜなのかの理由を示している。加えてその授業は誰が行っても難しい、と教師のジレンマが語られるからこそ、教師は次もまた取り組みたいと思いを新たにするのではないだろうか。

「平凡な教師は言って聞かせる。よい教師は説明する。優秀な教師はやってみせる。

川野先生が最初に落ち着いていなかった場面を教えてほしいといわれたお話や、授業をとめようと思ったという話があったんですけれども、そこに関わって私の感想をお話ししたいと思います。

川野先生は体育にこだわりを持ってずっと取り組んでいて、すべての子が楽しめるような努力を至る所でしてきている。しかも安全であるように願って、今年はさらにそれをここで一つのものを作り上げたいという気持ちがあったと思いますね。積み重ねで子どもたちに見えている部分と川野先生自身がそれを背負いすぎて固さになっている部分も同時に感じたんです。ここまで持って行きたいという気持ちが強すぎるのではないか。子どもたちの落ち着きのなさとも関わってくるかもしれないんですけれども、一番感じたのは先生自身の表情の固さですね。途中での発言の中身も禁止の中身が多かったですよね。今日の授業の中でほめた言葉があったかなと思うと、あまりないかな。

たとえばほめて禁止することができる。前半の授業で手を前に出して突っ張ってはいけないよという時に、突っ張らない状態を意識して子どもたちがやれば、全員ほめることできますもんね。

（中略）

私が親の気持ちとするとちょっとハラハラする部分がありました。お互いを補助している場面があったんです。うまくいかない子を他のうまくいく子が補助していたんですね。そして、後転を押してあげていて首が突っ張って止まった状態になっていた。子どもたちから見れば後転ができなければ力で押してあげますよ。それでくるっと回ればいいですが、その子も身体を丸めて回ることに慣れていないものですから、首を突っ張って非常に危険な場面がありました。

マットは一段とむずかしいと感じましたし、そこに課題がたくさんあるので、我々がまた学ぶことや研究していくこともたくさんみつかったなというふうに思いました。

表7-1　校内研修における授業検討会プロトコル例

しかし最高の教師は子どもの心に火をつける」というウィリアム・ウォードの言葉がある。これは同僚同士や校長と同僚の間にもあてはまるのではないだろうか。

四　校内研修と学校文化をつくる

効果的伝達モデルと協働構築モデル

学校での教師の学習活動を支えるシステムと理論という視点から、日本の校内研修がいかに形成されているかをみてみよう。これは対比的に整理できる二つのモデルとして表現することができる。「授業を計画、実施公開し、事後に検討会を行う」という流れを見ると、日本の学校では伝統的に同じあるいは類似した過程で実施されるようにみえる。だが異なる学習へのヴィジョンや理論に支えられ異なる様式を呈する授業研究が形成されている。その二つのモデルを「効果的伝達モデル」と「協働構築モデル」とここでは呼ぶことにしよう。

先輩が後輩に知識や技能を伝達する形が前者であり、伝達行為も含みながら教師個人のそれぞれのよさを認めあったり、そこから学びあう形が後者である。授業研究を支える教師の学習に関する理論や認識の違いは、表7－2のように、授業検討の形態やコミュニケーションの方向や検討内容の違いをもたらす。発言者も異なれば使用される道具も異なるといった点では、さまざまな授業スタイルがあるように校内研修にも多様なスタイルがある。現実場面ではこれらは複雑に混在しあっている場合もあれば、明確なモデルとして実施されている学校もある。それぞれの学校で、効果的伝達モデルから協働構築モデルへの転換がいかに可能かをアクションリサーチなどを通して考えていくことが必要となるだろう。

校内研修としての授業研究の質を高めるために

協働構築モデルの研修として、現在ではいろいろな学校で工夫をこらした研修が行われている。このとき校内研修の質的な深まりを図7-4のように捉えることもできる。

ここでいう受動的とは「静かに参加しているが、関心は低い状態。受け流している状態」、能動的とは「意欲はありそれぞれに活発に感想や意見を発信して参加している状態」、相互作用的とは「同僚の他の教師の視点を知ったり、相互の考えの相違の交流を示すことで個人に新たな理解が深まったり、より具体的に当該授業が捉えられ

A　校内研修としての授業研究を支える学習理論

教師の学び	効果的伝達モデル	専門知の協働構築モデル
学びのビジョン	教師文化の再生産 教育行政課題への対応による効果的学校の実現	自律的な学校文化の創造 子どもや保護者のニーズと信頼への応答による民主的学校の実現
教師の学習とはどのような行為か	指導法や見識の伝達・習熟 生徒の問題の診断と欠けている教師の知識の獲得へ	実践のビジョン・専門的知識の協働構築 学び手としての生徒と教師の可能性の発見と協働でのガイダンスと拡張
学ぶのは誰か： 学習者−指導者役割	学習者−指導者役割は固定・集中 学習者は若手の研究授業担当者。指導者は講師・先輩教師	学習者−指導者役割は変化・分散 授業者と授業に立ち会った者全員が学習者であり助言者となり、時により変化する
学びにおいて価値づけられる行為	反省と問題への対処、指導・助言	問いと課題の発見、協働での対話過程

B　具現化された専門性の学びの場としての授業研究

場を形成する要素	効果的伝達モデル	専門知の協働構築モデル
学習集団	学校一斉全体、教科担当者	同じ子どもを担当する学年団中心の小集団。一斉と柔軟に変化。
学習のサイクル	短期：本時主義 （指導案検討過程や課題解決が重要）	長期：探究サイクルとカリキュラムの形成（省察と次のデザイン、課題の発見が重要）
授業検討の談話への主な発言者	講師・ベテラン教師、授業者、司会	多様な経験や問いをもつ参加者全員
検討時に使用される道具・資料	指導案、講師配布資料	授業ビデオ、個人の学習過程の記録メモ、発言プロトコル、作品
検討会で語られる内容	指導案・教材・教師の行動・発言生徒とその内容・行動：事実・行動という「こと」への注目	聴き手の子どもたちの動きとつぶやき、発言のつながり、核となる学習や教材と活動のつながり「こと」の「間」への注目とその推理
検討会後に作られる記録や記憶	指導案づくりと今後の課題の命題的記述：自己完結的独自的記述	出来事を物語る記録・実践の意味をとらえ直す：伝える相手を意識した対話的物語記述

表7-2　二つの授業研究のタイプ

たり、授業全般へのより深い理解や抽象化が生じている状態」、共同構成的とは「授業の見方や評価において教員相互の差異や共通性にもとづき、その授業のあり方や教材内容についての吟味が参加した教師皆で共有されて、さらに検討に値する内容は何か、焦点化された課題の発見や吟味がなされ、次の授業の検討につながる自分たちの共通のことばや考え方、課題が生まれる状態」である。

ワークショップ型と呼ばれる研修は、受動的から積極的な研修への移行を保障してくれる。しかしその中にも、より質の高い共同構成的な研修までさまざまなあり方や道のりがある。

これまでに延べてきたように、学校には管理職やそこに在籍する教師たちが大事とする価値が歴史的に受け継がれてできたさまざまな学校文化がある。しかし関わりの質が高く持続可能な学びあう学校に共通するのは、以下の五つの原理が貫かれるように工夫されている点である。表面上の研修の形

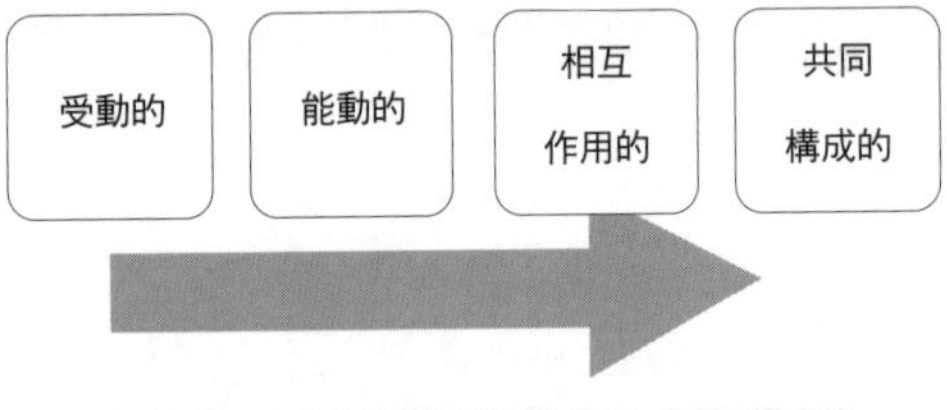

図7-4　校内研修における教員相互の学び合いの質の深まり

や道具立てには様々な工夫があり得るが、その形だけが問題ではなく、根底の原理が崩れないことが重要である。

第一に、教師全員の研修への参加を保障することである。物理的に研修の場にいるだけではなく、より能動的に関与するためには研修の中で自分の声を出す機会や手や頭を活動させながら参加する機会、また書いて考える機会を保障することが求められる。主任や特定の先生だけが発言していると、研修は停滞していく。

とはいえ、時間は限られている。したがって多声的、多層的な場を形成することが必要である。たとえば、全体研修の中でも教師の話し合いに三〜四名の小グループになってもらう。そのときに日頃から一緒の教科や学年の同僚だけではなく、この研究授業を見た参加者同士だからこそというグループ編成も取り入れてみる。また司会者もベテランや主任だけではなく交代制をとることも可能だろう。

そして第二に、授業を見あい聴きあうことを軸にした研修にすることである。授業研究を話しあい、振り返りの場と捉える人は多い。しかし検討会での話しあいの前に、まず研究授業の中から、いかに目の前の授業を見聞きし豊かに可能性を見出すかが授業研究の可能性を拓くカギになる。研究授業は授業者のものという発想をいかに捨てられるかである。だからこそ観る側の同僚教師が参観時によく見て記録すること、子どものつぶやきを聴きとることがまず求められるのである。研究授業を参観すること に慣れない学校には、どのあたりの子どもたちを見るかなど、ある程度あらかじめ教室の間取りにしたがって分担しておくことを奨めている。それによって四十人の全体を見たり、目立つ子だけをみるのではなく、多様な子どもの学習過程を見ることができる。そして授業者自身はひとりでこのような多様な見方をすることはできない。だからこそ、大勢で授業を見る意味が出てくる。授業全体の流れを同じように見て意見をいうだけではなく、よりつぶさに、そこに参加している学びの多様性を教員同士が見ているからこそ、聴きあう価値のある話も出てくる。教科や学年の専門的知識として知っていることを話すだけではなく、いまその研究授業の中で何を見出したかを物語りあうのである。

このとき、ポストイットやメモ、模造紙に断片的にやったことを書くだけの記録と、物語として授業の世界をみる記録とでは、学びの捉え方が違ってくる。授業をうまい下手、良い悪いで見ていると、「この子はこんなことをしていた」という行動事実だけを書いてリストにして終わりがちである。しかしその事実を手掛かりに、この子どもはこのように考えていたに違いない、こうした子ども同士の関係があったに違いないという推測ができると、それがそれぞれの子どもと学習内容、子どもと子どもや教師の関係の物語を読み取るカギとなる。教育学的推論、推理ができることが教師の専門家たる力量である。だからこそ専門的見方を共有するには断片ではなく、特定の子どもや特定のグループでの学びの流れを捉え、ストーリーとして語れることが求められる。

歴史でもいつ何があったという出来事の羅列ではなく、その間におこるヒストリーとしての歴史の因果が大事である。同じように授業の流れの中にある学びのヒストリー、軌跡を捉えることが授業を見る一つのポイントになる。またそれは学習行動と学業達成のみを捉えるのではなく、授業中に生じている子どもの感情や思い、自己や他者とのつながりを検討することが必要なのである。

たとえばある子どもが特定の所では授業から離れていても、ある部分ではまた学び始める。そこにはある理由が推論できるだろう。授業に参加できていた、いないではない、その子どもの内面で起きていることを読み取ることが、教材や教師の働きかけのありようを深くとらえる鏡となる。見通しと振り返りを語りあうことで、過ぎた授業のことでありながら、語りが未来を生み出していくのである。

第三には、観たこと、語りあったことの共有が一体感を生むことである。語りあっても語りっぱなしの研修では、後には残らない。そのために経験や認識を共有できるよう可視化をする工夫が求められる。まず観ることの一体感を生むためには、研究授業のハイライトともいえる部分の映像や写真、子どものノートについて参加者で共有しながら丁寧に焦点化することが大切である。

私は研修を始めるときに、特にここが良かった、この姿に学べたというエピソードを話したり、研究推進委員などがそこのビデオを準備して数分間、一緒に見ることをお奨めしている。どのような授業にも、ここは素敵な場面だとかこの工夫に学びたい、この子どもの姿はすごいというところがある。もちろん見る教師によってそれは違っている。だからこそ、まずはその手がかりの一つを出すことで感情的にも緊張感がほぐれるのである。そしてあの場面をもう一度観たいというシーンがどの先生にも浮かぶようになったり一致するようになったら、それだけですでにその学校では研修がうまく進むようになっている。

また一時間の授業にはかならずうねりがあり、転機となる場面がある。それは授業の進め方だけではなく、場の雰囲気や突然の発言ひとつから生まれる。そこをもう一度みると、そのあとの授業展開のさまざまな可能性を皆で考えることができる。授業は時々刻々と過ぎるからこそ、その時間を止めてみることが専門家の複雑な判断の難しさと面白さを感じる一瞬になる。

その場で話し合ったことを模造紙や板書、パソコンなどで記録し可視化することで、自分たちの研修の軌跡、自分たちの言葉の形成によるかけがえのなさを共有でき、達成感が生まれる。

第四には、それぞれの先生の多様性を保障することである。研究授業を見るときに、何か足りないことや問題をみつけようという欠損診断の見方ではなく、ここが学べる、これは面白かったという承認発展の見方によってこそ、それぞれの先生のリーダーシップを学校で生かすことができる。だからこそ、小学校であれば先生がこれは得意という教科や、中学校であればこの教材なら、この工夫をしてみたということを出してもらって挑戦した授業をしてもらう。その挑戦によって、各教員のかけがえのなさを承認する見方の共有が可能となる。しかし「みんな違ってみんないい」ではなく、なぜ、どこからその意見の違いが出てくるかを吟味していくこともまた大切である。検討時の議論においては、その先生はどのような点をとらえて何を指摘したのかという根拠を持って論じることこそが重要になる。議論を通して、授業における推理の相互の自覚が可能となる。

また最後にまとめとして、外部講師や管理職が話をすることも多い。しかしそれもまた多様性のひとつであるという認識が大事だろう。自分たちの授業の状況とかけ離れた話をして終わりや、あらかじめ準備したプリントを配って解説して終わりというのは講演であり、授業研究の語りではない。外部講師を見極め、自分たちの学校や教師の良さを見抜く講師選びもひとつのカギになる。

また第五には、探究の保障である。研究授業を年間で何回も継続することは教師の探究を保障するひとつの方法である。長期に研修が続いている学校では、研究主任が研修についての通信を出して、それをまとめたり振り返ることで、毎回の研修を今回は何々先生の授業ということだけではなく、皆の日々の授業と繋げる工夫をしている。それがさらに一体感を生み出していく。研修と研修の間のつなぎを考える手立てもまた一体感を生み出し、職員室の語りを変えることにつながっていく。また学校でファイルを共有したり、ネットワークで書き込みを相互にしている学校もある。これらの工夫によって限られた時間を活用したり、記録を残すのが容易になる。いずれにしても一定回数以上、校内研修としての授業研究を行うことに探究の基点はある。回数が探究のひとつのカギなのである。

研究授業をするためには、自習ができるクラスを育てることがポイントになる。つまり教師がいつも仕切る授業だけではなく、生徒たちで進められる自律的な学習活動を保障しているからこそ、研究授業も継続できるし、その研究授業でもそれぞれの生徒が自発的に活躍する姿が見ることができ、語りがいもできる。このサイクルは研究授業の成功に欠かせない。

また学校によっては、各教員の自己課題一覧を年度初めにつくって共有する学校もある。それぞれ先生の挑戦を共有するのである。最後に研究紀要などをまとめながら振り返るときにも、それが探究への投碇点になる。

学校は、毎年の研修でも何か新しい取り組みをしなければと改革主義に陥りやすい体質を持っている。しかし授業研究が文化として根付くのには、教師の人事異動も考えると、三年から五年はかかる。その間の持続のためには、紀要の書き方、作り方の工夫も求められる。読者に読み応えをもって読ませる紀要の実践記録には、次のようなことが書かれているのが望ましい。教師や生徒の感情と驚きなど、指導案という計画段階では読めない事例が掲載されていること、そしてそこにはT－C式の役割名ではなく、仮名でも生徒の固有名が浮かびあがること、そして振り返りがどこでも誰でもできる箇条書きのポイント列挙だけではなく、短くてもその教師の思いや経験をふまえた一人称の語りと研究授業や検討内容の事実という三人称の語り、そしてそれをつなぐ中間モードのことばが入っている形の記録をすることである。

以上筆者が先輩助言者から学んだ五つの原理と手立てを述べてきた。これらを研修参加する先生側の行動原則として言い換えてみるなら、表7－3の五つの視点として挙げられるだろう。

知の共同構成と学校文化

教師の実践知は、話しあって情報を得て終わりではなく、具体的に明日への一歩につなげ、授業として実践し変化の手ごたえを得て初めて、身に着いたものとなる。つまり定着には時間がかかる。先生が置かれている多忙な状況の中でどのように、研修を継続するか、これはいま真剣に問われている問題である。

1　よく見せるのではなくありのままを見せる
長年の教師経験をプライド（誇り）にして、教室を閉じるのではなく開くこと

2　参加したすべての人が何を学んだかを語る
授業者だけではなく、学校の教員皆が子どもたちの学びを引き受ける責任を負う

3　何を教えたかではなく、何を子どもは学んだかを語る
すべての子どもの学びの質に目を配る

4　議論ではなく多様な子どもと授業の見方を学ぶ
誰の意見が正しいかではなく、同僚の見方をうけいれることで自分の視野を拡げる

5　自分のためではなく、自分たちのためにと考える
自分の授業力の向上のためだけではなく、研究授業は公教育を担う自分たちと子どもたちのためのもの

表7-3　校内研修における教員相互の学び合いの質を深めるための原則

研修を変えればすぐに学校が変わったり教師が変わったりするわけではない。むしろ授業研究をしている学校で感じることは、生徒の動きや表情が変わることであったり、ある手ごたえや落ち着きが学校の中に生まれる、先生同士の職員室での語る内容が少しずつ変わるという数値では見えない変化である。また他の学校から参観者が来たり、保護者や地域の人、指導主事や外部講師によってその学校のよさが外側からも語られることで、卒啄同時《そったくどうじ》に学校と教師は変化していく。急激にスタイルを変えた学校では、一見すぐに変わったようでも、教員の移動などでま

た元に戻ったり、すぐに色あせていく。そうならないためには、教師自身が授業研究参加で得た手ごたえと研修を通して得た変化による相互信頼の輪を生徒、同僚、外部との関係の中で生み出していくことが求められる。

日本を代表する文化人のひとり福原義春は「価格は見えますが価値は見える人にしか見えません」「「感動」というのは、五感が最高に活性化された時に訪れるものです。その時にみえないものがみえてくる」と述べている。校内研修は公教育の確かな価値を創り出し、子どもの内面で育つ学びの根を皆で捉え伸ばしていくという、見えないものを見えるようにしていく営みである。研修のあり方の質を高める工夫がこの営みを確かなものにしていくのである。

これまで述べてきたように、それぞれの学校や地域に、その場ならではの工夫がある。教育学者ジェローム・ブルーナーが著書『教育という文化』で述べた「文化はそれ自身、人間の作り出したものではあるが、それは人間の心独自の働きを形作るとともにその可能性を生み出していく。文化は個人を越えて人の心を形作る」ということばは学校にも当てはまる。学校文化は、具体的な出来事の中でのひととひとの関係や、そこで用いられるコミュニケーションの様式や道具、暗黙の規範やルールとなって、学校の環境の中に埋め込まれている。そしてその学びの場に参加する生徒や教師の知識や思考様式、所作の共通性となって現れる。

学習や授業への意味づけや価値づけが校内研修における授業研究のような協働の場で生まれ、授業への認識や語りが共有され、学校の教師や生徒の中に浸透していく。生徒にだけ学びあうコミュニケーションを求めても、教師間の関係が閉じている学校では学びあいはうまく機能しない。一方、教師も生徒も探究する学校では、生徒が学びあう関係と教師が学びあう関係に相似構造を見出すことができる。学校として教師の学習システムを捉えている視座と、それを可能にするサイクルを持続してゆくことが求められているのである。

教師の生涯発達と授業づくり

教師は、教師として赴任してから退職までの三十年以上の年月を、授業を通して子どもたちを育み、また後輩教師へ助言しながら、自らもまた教育の専門家として学び、変容していく。中には主任や教頭、校長となり学校の経営や管理の責任を引き受けるようになったり、学校を外部から支援する教育委員会指導主事などを経験する人もいる。

それぞれにかけがえのない教師としての歩みがある。その教師の生涯発達の可能性と熟達化への歩みの特徴を考えてみよう。

一　教師としての始まりと歩み

次の文章は、小勝れいみ先生が小学校新任教員になった日のことを書いたものである。

「初めての始業式での担任紹介で名前が呼ばれ、二年二組の前に立った。にこにこしている子、どんな先生なのだろうと私をじっとみつめる子や、話しかけたくてたまらないような子、とにかくみんなかわいくて、この子どもたちと迎えられる教員としての一年目を思うと、胸が高鳴った。予想していたよりも二年生は小さく幼かったが、冗談が通じるような部分もあったり、二年生とはこういう成長の段階なのだなということを、関わりを通して知っていった」

そして新任の一年が経ち、彼女は次のように述べる。

「毎日さまざまなことが起き、日々が驚くほど早く過ぎた。本当にあっという間の一年であった。教員とは、いろいろなことを子どもたちに教えていく立場だと思っていたが、私は子どもたちから数えきれないほどのことを教わった。そして教師として、人として育ててもらった。子どもはとても純粋で素直で、全員がそれぞれのよさをもち、輝いていた。子どもたちが発する何気ない一言に私は何度感動し、涙を堪えたか分からない。その度に、人と関わりながら、影響を与えたり与えられたりすることができるこの仕事についてよかったと心から思った。教員一年目に指導教諭の濱野先生と出会い、濱野先生が子どもたちにどう接し、子どもたちがどう受け止めて変わっていくのかを目の当たりにできたことは、これからの私の宝物である。これからも、子どもたちを信じ、期待をして見ていくことを心がけ、よい授業を子どもたちと一緒に作っていくことを目指したい」

しかしだからといって、指導教諭を見てあこがれても、その通りに授業ができるわけではない。

「濱野先生の授業を見て、子どもたちにこんなに自由に意見を出させるんだ、一時間ごとのねらいを毎回決めるのに、あえて最後に確認したりはしないのだなと思ったのを覚えている。何回か見せていただくうちに、自由に意見を出させているけれど、いつの間にか授業ごとのねらいについて子どもたちが考えていることに気付いた。決して、ここについて考えようなどとは口にしていないのに、ねらいについて考えずに終わるということがなかった。子どもたちは自分たちでそこに行き着いているように思えるほど、自然な流れでねらいに行き着いていた。でも実際に自分がやってみると、子どもたちの意見をひとつひとつ拾うと授業の本筋からはずれたり、ねらいや、深く読み込んでほしいところにまったくいきつかないまま一時間が終わってしまうことが起こった。濱野先生に「どうしてあんないい意見が出たのにもっと踏み込まなかったの?」と言われるか、「あそこはさらっと流して次にいった方がよかったね」と言われるかが自分の中でまったくわからなくなってしまい、だから国語は嫌なんだと思って、授業を楽しむなど程遠く、むしろ始まる前は憂鬱な気持ちであった。

そういう気持ちでやっていると、子どもが意見を出してくれない。私の中に、子どもたちの意見の受け止め方に差があり、先生が喜ぶような意見を出さないといけないという空気が漂っていたのかもしれない。いつも限られた数人が手を挙げ、彼らの発言内容にも他の子どもたちは関心を示さず、内容が頭に入っていないようだった。そんな時でも濱野先生が授業をすると、子どもたちは生き返ったように生き生きと発言しており、私には何かが足りない。子どもは正直だから、この子どもたちと一緒にいられるうちにその原因をつきとめたいと思った」

生徒として一万時間以上、授業を受けた経験があっても、教壇に立ってみるとそこには全く違う風景が広がる。子どもとの出会いやよき指導教諭や同僚との出会いの中で、彼女は自分のあこがれる授業のあり方を見定め、そこでの子どもと教師のやり取りを身体で学び取り、心に刻み込んでいる。だが思い通りには行動はできないし、自分のつまずきの原因や理想的な授業に必要な原理を捉えることはまだ難しい。けれどもその若手の時期にこそ、授業の探究への灯が付けられ、多くのことをみずみずしく吸収していく教師が多い。

実は、この文中で語られる指導教諭の濱野先生自身もまた、新任時に先輩教師と学年を組み、その先輩教師のような授業をしたいというあこがれが生涯にわたる授業づくりや授業を振り返る際の原点になったと振り返っておられる。こうして先輩から受け継がれ、つくられていく授業づくりは、特定の知識や技能の習得だけに還元されるものではない。そこには、実践知や複雑な要因が絡みあう授業の中で、何がよい授業なのか授業の質を評価してゆく価値判断や授業者の仕事の職人的技の伝承がある。ことばや情報だけの交流ではなく、日本の学校の教師文化の中で、互いに教室を開きあい参観し、語りあうことにより、相互に大切に手渡されていく真髄がここにはある。

二　授業におけるわざの熟達

実習生や新任教師の授業は、指導案通りに授業を進めようとして息が浅くせわしない感じを受ける。これに対し、教師の経験とともに授業に余裕がでてくる印象を受けることは多い。もちろんそれは経験年数だけによるのではない。しかし熟達化により三つの変化がでてくると言われている。

第一は、授業を行うための手続き的知識と技能を持つことで、効率的かつ正確に状況を把握する方略が習得されていく点である。例えば授業中にワークシートやノートを見たりする時のポイント、ある活動から次の活動へ移行する時の指示のタイミングや仕方、机間巡視時にどのように生徒の理解を捉えるかなどの点を挙げることができる。経験とともに教師は、無意識のうちに的確な方法ができるようになる。だから授業の中核であるべき本題の学習に、時間をよりかけることができるのである。

第二は、教材に対するより深い理解と生徒の実態のより細やかな把握を通して、授業の出来事を構造化して把えられる点である。同じ授業場面をみても、生徒の発言の連鎖に必然的な意味のつながりを見出すことができ、生徒と教材のつながり、これまでの学習と現在の学習内容とのつながりも押さえているので、生徒の発言が一瞬本筋から脱線して見えても受容したり、発言の真意を正確に認識できるようになる。

そして第三には、特定の教材や教科内容、学年を担当することに関して多くの事例知識を集積し、新しい状況や別の生徒たちについても見通しが持てるようになることである。断片的知識ではなく、まとまりを持ち適用可能な汎用性のある原理的な知識となっているのである。特定の学年段階や教科についてよくわかっている教師は、別の学校に異動してもその学年段階の生徒の状況を早く正確に把握することができ、はじめての教材を使ってもそれを自在に使ってわかりやすい授業ができる。

大きな特徴を整理すると、表8-1のような変化が行動として見られると米国での教師の熟達研究はまとめている。前章で示したように、教師の仕事には、技能を授業場面にあてはめ定型化した内容を効率よくこなすだけではなく、即興的な判断と行動が求められる。そのため状況の変化に応じて新たな創造的実践をつくり出すことが必要となる。つまり、効率性と創造性の両面のバランスを持ち備えた「適応的熟達者」が求められるのである。若い教師から熟練教師と仰ぎ見られていた石井順治先生は、「教師にとって成長とは、子どもの息遣いを実感できるようになることではないだろうか。教えることよりも子どもの豊かさを感じ取れるようになることではないだろうか」と教える技能を効率よくあてはめることよりも、子どもの息遣いを感じ息をあわせられることの重要性を指摘している。状況へと柔軟に対応する姿のあらわれといえよう。

〔第1段階〕　初心者　実習生　1年目

文脈から離れた一般的なルール（例：ほめるのがよい、質問したら少し待つのがよいなど）は習得しており、それに基づいて授業を行おうとする。柔軟性に欠ける。ことばによって教えられるよりも実体験がより意味をもつ時期。

〔第2段階〕　初心者上級　2〜3年目

特定の場面や状況に応じた方略的な知識が習得される。具体的な文脈の手がかりに応じて授業をコントロールできるようになる。いつ一般的なルールを無視したり破ってよいか理解するようになる。文脈を超えた類似性を認識できるようになる。

〔第3段階〕　一人前　3、4年目〜

授業において重要な点と、そこで何をすべきかを意識的に選択し、優先順位をつけられるようになる。タイミングがわかるようになる。授業の全体構造がよくみえるようになる。教師の責任という自己意識が強くなり、成功や失敗について前の段階よりもより強く敏感に感じるようになる。

〔第4段階〕　熟練者

経験による直観やノウハウが使用される。意識的な努力なしに、事態を予測し、その場に対応して授業を展開できるようになる。個々の出来事をより高次なレベルで全体的な類似性や共通の問題性を認識できるようになる。

〔第5段階〕　熟達者（必ずしも全員がここに達するわけではない）

状況が直観的に分析され、熟考せずに適切な行動をとることができる。行為のなかで暗黙のうちに柔軟な行動がとれる。

表8-1　教える技能発達の5段階

新任教師と熟練教師の授業における思考様式を比較すると、熟練教師の思考の特徴として次の点があげられる。第一に授業過程の中で即興的に豊かな内容を思考していること、第二に授業中に生徒の学習過程を推理し、授業と学習の関連や生徒にとっての意味を発見し解読したり、授業の別の可能性をその問題や意味から探り解決を図ろうとするなど積極的感性的に推理し関与していること、第三に教える側の視点だけではなくさまざまな生徒の視点から多元的に捉えられること、第四に生徒の発言を授業の展開、教材の内容との関係、他の生徒との関係など関連性の中で理解でき、それに即応した思考と判断を行っていること、第五には、第四からさらに踏み込んで出来事の間の複雑な関連をみつけ、その授業に固有の問題の枠組みをつねに再構成し続けている点を指摘できる。

いずれの点も生徒たちによりそい、関わりがより豊かになっていくことを示していると言えるだろう。これは心理学用語では適応的熟達化と呼ぶが、降り積もるような日々の経験の中でのあゆみが、この適応を可能としていくのである。

三　経験がもたらす獲得と喪失の両義性

しかしその一方で、マンネリズムに陥りこわばっていく教師や、権威に頼ることで子どもたちによりそえなくなり溝がみられるようになる教師もいる。また、時代の変化とともに、求められる授業の様式も、教材や学習環境も変化してきている。経験を積むことには、適応的熟達化へと向かい獲得を可能とするだけではなく、喪失していく部分もある。これは新任期が獲得期であり、経験を積むと喪失するのではない。知識や技能の獲得が一つの見方や方法へと制約を与えるという意味で、獲得と喪失は両義的な面を常に併せ持っているのである。

「熟達者の落とし穴」という語があるように、知識が無意識化され、授業が自動化されているために、生徒は当然わかっているものとして、つまずきがちな点を丁寧に説明せず飛ばしてしまったり、進め方が雑になることも経験を積むことで生じやすくなる。図8-1は新任期には創造的な理想の授業を求めるが、効率的な対応ができずにストレスをため、また一方でベテランが効率よくおきまりの手順だけに頼るマンネリズムに陥ってしまうこと、適応的熟達への道は、技を磨くとともに創造的な授業への挑戦を行うことの中で生まれることを示している。

専門職としての教職は、認知的判断だけではなく、子どもや同僚、保護者など人を

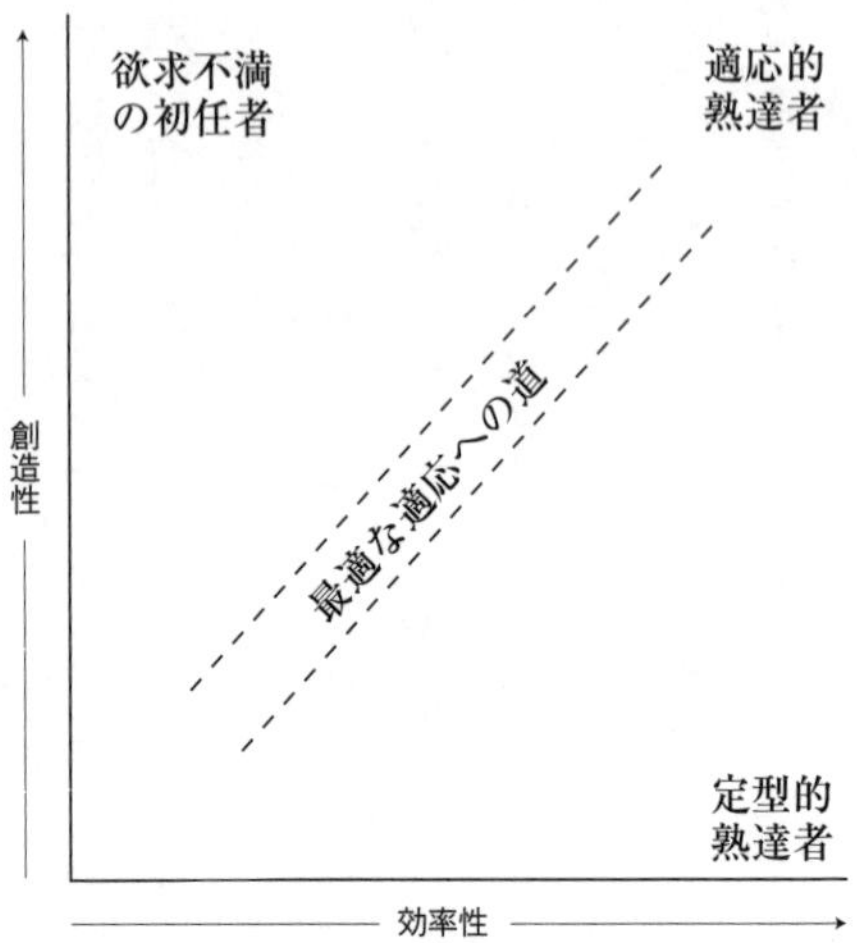

図8-1　教師の適応的熟達への道（Darling-Hammond, 2005）

相手にするサービス職として感情を押し殺し摩耗する面も強い一方、成長や発見の喜びや手ごたえが教師としての生きがいを生むという点で、さまざまな情緒に支えられている情緒的実践である。小勝れいみ先生の例で示したように、新任期に感じた仕事から得られる手ごたえとしてのみずみずしい情緒的手応えは、経験とともに喪失していく部分でもあり、子どもとの距離感とそれに伴う情緒も経験とともに変ってくる。だからこそ日々、自らを新たにしていく実践のために学び続け、創造的に授業を実践してみる挑戦が、新たな気づきの喜びを生み出すのである。

年齢とともに子どもとともに遊ぶ、動くことが身体的に難しくなってきても、それを補償する知恵が生まれていく。その揺れ動く両義性の中で、専門家が教えることについて学ぶ熟達は生じていくといえるだろう。

四　ライフコースの中での「危機的移行」

教師は、子ども、同僚、保護者、地域や社会の人々とともに、学びを通して人々の絆を創出しつなぎ生きる存在である。教師は公的な職務として、授業者であると同時に、学校の中でも校務分掌をはじめフォーマル、インフォーマルにさまざまな役割を担う。また私的生活においても家庭や社会での役割を担っている。そしてそのそれぞれの期待に応えようとし、複数役割の葛藤のジレンマに自己を引き裂かれるようにしながら、限られた時間の中で対処し過ごしている。

人のライフコースの各々の時期には、各時期に応じた発達課題があると言われる。その発達課題を解決していく過程は、発達における危機的移行と呼ばれる。節目の時期にまさに一つずつハードルを越え、人生の中で次の相に対峙していく。精神分析家のエリク・エリクソンは、成人期の課題は「創造性」対「停滞」としているがこれは教職生活にも当てはまるだろう。

図8-2はミッシェル・ヒューバーマンという研究者によるスイスの中学校の教師への聴き取り面接から作られた、教師のライフサイクルの典型的パターンを示したものである。新任期には教師としての適応への生き残りをかけ、自らの適性や可能性をその中に見出していくという発達課題を持っている。その時期には別の道を選び退職する者も出てくるだろう。そして表8-1でみたように、四~六年目では一通りの知識や技能を得、教師集団の中に自分の居場所を見つけて安定してくる。そこから多様な個性化への道がわかれていく。

　仕事をパターン化してこなしていくいわゆる定型的熟達のみに向かう者もあれば、状況に応じた創造を目指して適応的熟達へと向かう者もある。実践の効果をあげるのに障害となる制度や社会的制約を見

図8-2　教師のライフサイクルにおける連続的な発達課題についてのモデル

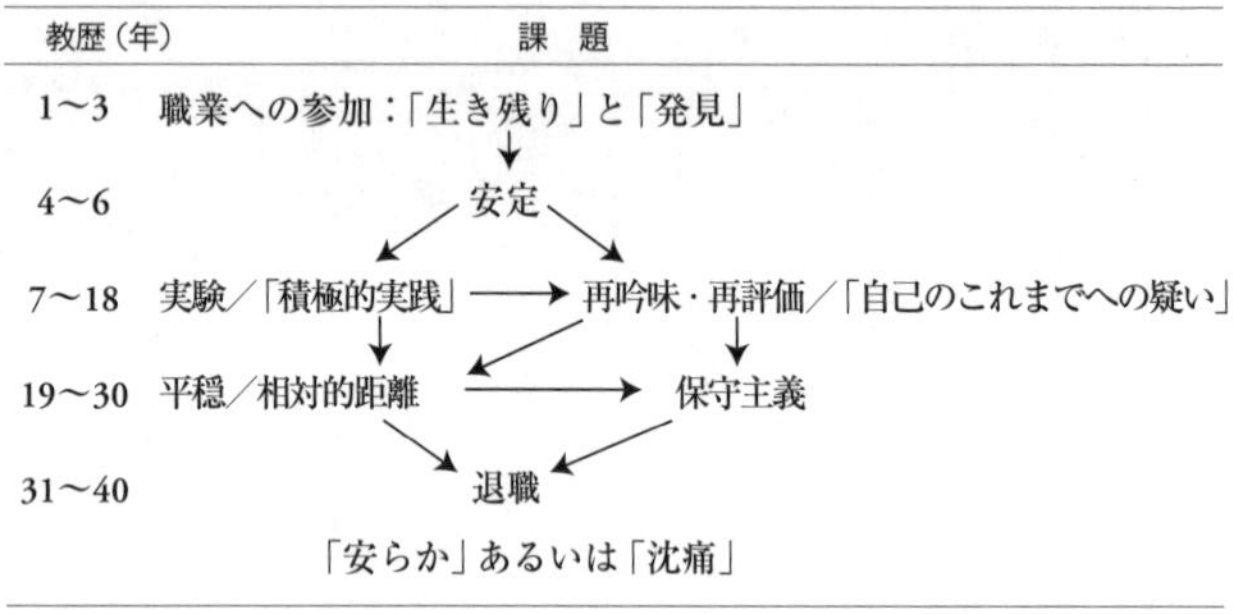

つけて、果敢に変革を試みたり積極的に関与する者もある一方で、私生活や校務の多忙化などの制約から、授業についてはマンネリズムに陥る危険も忍び寄る。そしてそこから自己防衛として保守的方向へと走ることもときに生じる。

しかしまた一方で、人によっては四十、五十代になると、自分の実践をより距離をおいて対象化して捉え、見出した自己の良さを自分の特徴として受け入れることができるようにもなる。こうしてさまざまな情緒を積み重ねながら退職を迎える。この図式は直線的に進むのではなく、ひとによって、進む早さも異なり、行きつ戻りつしたり断続的に行われたりと進む過程もさまざまである。あくまでもその道のりの図にすぎない。

教師の中年期危機は、新任期と異なり教師集団からの逸脱よりも、学校への適応によって、さまざまな職務を引き受ける責任が生じたり、学校の内外での対人関係調整の役割や、指導がより難しい子どもたちを引き受けることから生まれている。子どもとの丁寧な関係の形成や教材研究・授業の開発に時間をとれなくなり、消耗し燃え尽きるのである。このようなストレスをためる教員は国際的にも年々増えている。社会の情報化に伴う仕事量の増加、学校という場に社会が求める責任の多さや重さがその背景にある。

また教師の仕事は、教師が生きる社会や時代、学校等周りの集団の影響を強く受ける。教師のライフコースを研究してきた山崎準二は、ライフコースは「年齢によって区分された生涯期間を通じてのいくつかの軌跡、人生上の出来事についての時機調節、移行期間、間隔、順序にみられる社会的なパターン」のことであると定義する。そして、教師のライフコースは、変容性（人生には質的な転換を伴った諸段階と移行期がある）、多様性（個人の時間や歴史時間、家族時間など、さまざまな時間がそれぞれの人によって固有であり、その共時化が教師としての変容の様々な展開を示す）、歴史性（歴史的出来事や状況の中に埋め込まれている）、コホート性（同時代に生まれた人は一定の意識や価値観を共通に形成していく）という四つの特性を持った複合的な性格のものであるとしている。

団塊の世代と言われる教員の大量退職によって、日本の学校は戦後これまでに経験したことのない変化を迎えている。その中で子どもから、保護者から、同僚から、そして社会から信頼される教職生活をどのようにして保障していくのかが問われている。そのためにも、教師は確かな手応えをもって学び続け、挑戦を続けてゆくことがますます重要になってきている。

五　学び合う共同体の中でのアイデンティティ形成

教師一人ひとりの人生の歩みはかけがえのない独自性を持つ。それは、学校におけるコミュニティ（共同体）の一員として、学校文化のコミュニティに参加し、そのコミュニティの古参者の姿を見て規範的な振る舞いや価値を学び、やがて一人前として自分の居場所を見出して独自の役割を担いつつ、アイデンティティを形成していく自分づくりの過程ともいえる。またその過程は、所属する学校の文化を身につけるとともに、授業づくり学校づくりの一翼を担って刷新を試み、新たな文化を作り出す一員となっていく過程として捉えることもできる。本章の最初に紹介した小勝先生の例は、同じ学校の中で学びあう中で、教師としての自己が形成されていくことを物語っていると言えるだろう。

授業や生徒指導など、教師に求められる知識や技能の習得に加えて、教える専門家として、また子どもをケアする者として、教育改革の主体として、教師はアイデンティティを形成していく。教師とは何をする専門家か、どのような教育がよいのか、教師として何をなしとげたいのかなどのヴィジョンを同僚とわかちもつことが、教職におけるアイデンティティの形成に重要な意味を持っている。そしてそのヴィジョンは、学校の同僚や先輩たちとのさまざまなやりとりの中で形成されていく。同僚教師が語る教師としての仕事や経験の物語、経験や学びの履歴を物語ることば、社会や教師教育の中で物語られる教師像を聴きながら、教師としてのアイデンティティが形成されていくのである。つまり授業づくりという教師の専門的仕事を中核にして、相互の対話の中で教師としてのかけがえのない卓越性は形成されていくのである。

この意味で、子どもを育むこと、創造的な授業をつくること、学校を学びあうコミュニティとしていくこと、そして教師が自分のアイデンティティを形成しミッションを持って専門家として仕事を行うことは、カルテット(四重奏)である。教室が閉じられ、教員同士が孤立し、学校の関係構造が分断されていくならば、教師の専門家としての成長は停滞し、子どもの学ぶ権利は閉じられた教室の中で奪われることになる。一人で問題を抱え、問題の対処に追われ、責任を押し付けあう構造の中では、子どもの一人ひとりの育ちの過程は保障されない。この意味で、子どもと教師の育ちと自分づくりは合わせ鏡なのである。

六　教師の生涯発達を支える視座

以上に述べてきたように、教師の生涯発達をいくつかの観点から整理して捉えるならば、図8－4のように示すことができる。経験と共に成長し熟達していくと捉える見方、獲得すると同時に喪失もしていく両義的な変化として捉えていく見方、節目となるさまざまな発達課題や危機を乗り越えながら変容していく過程と捉える見方、また教師の共同体に参加し、新参者から次第にそのコミュニティの古参となっていく過程として捉える見方である。これらはそれぞれ教師の力量のどのような側面に目を向けるか、どのように研究するかによって違う側面が見えてくることを示している。

しかし現実の教師の発達は、その教師が生きる学校文化、社会の状況に大きく影響され、多様で独自のありようをもたらしていく。

二十一世紀は知識基盤社会と呼ばれる。急速な情報化社会の進展の中で、学問知識も変化を遂げている。高度で複合的な知識を学び、社会の変動とともに変りゆく子どもとともに、授業しつつその姿から学べる学びの専門家としての教師がいま求められている教師像のひとつだろう。自分たちをどのような専門家として捉えるのか、どの

名称	変化方向イメージ	主に研究されてきた面
成長・熟達モデル	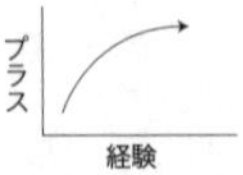	特定の授業技能や学級経営技能・実践的な知識や思考過程
獲得・喪失両義性モデル	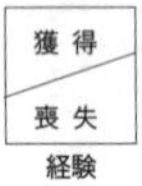	知識・思考、生徒との対人関係、仕事や学びへの意欲
人生の危機的移行モデル	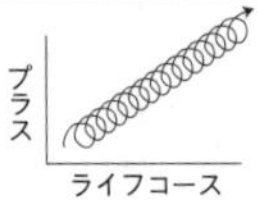	環境による認知的・対人的葛藤と対処様式、自我同一性、発達課題、社会文化の影響
共同体への参加モデル		集団における地位・役割、技能、語り口、思考・信念様式、共同体成員間の相互作用

図8-4　教師の生涯発達をとらえるモデル

ような教師としてのアイデンティティを形成していくのか。授業づくり、学校づくりを通してどのように共同のヴィジョンを形成し熟達化していくことができるのか。そしてそこに生じる危機をあらたな移行への契機として、さらに発達していくことができるのか。教師にはいま多くのことが問われているのである。

　だが現実に学び続けることには、かなりの困難が伴う。多くの若手教師の育ちに関わってこられた石井順治先生は次のように述べている。

「教師であれば、子どもとのかかわりに喜びを感じながらも、自らの非力さに落胆したり、自分をどう変えていけばよいか悩んだりするのは当然のことである。その困難に立ち向かい、教師としての成長を図るために最も大切なことは、自らのありようを振り返る経験を持続的に積み重ねることである。複雑な対応のあり方は経験でしかみにつかないからである。しかし、自分のことは自分では見えにくくどうしても他者の目が必要になる。最も身近な他者は同じ学校に勤める同僚である。その同僚と授業を公開するなどして実際的具体的な対話ができれば、困難な課題に対して挑み続ける意欲が生れる。教師の成長の鍵は本人の意欲もあるけれど、この対話の質と持続性にあると考えるべきである」（『教師の言葉とコミュニケーション』、二〇一〇）

詩人ウィリアム・バトラー・イェイツは「学ぶとは、頭につめこむことではなく、心に灯をともすこと」と語った。教師の生涯にわたる困難な課題への挑戦する意欲の灯をともす発火装置は、子どもであり、同僚であり、教師と交わる人々であり、その中でのかけがえのない対話である。イェイツは「幸福は道でも喜びでもなく、このことでもあのことでもなく、単に成長である。私達は成長している時こそ、幸福なのである」と語った。生涯にわたる専門家の幸せもまた、子どもの成長とともに自らの中に新たな世界が開けていく実感の中で生まれていくのではないだろうか。それは日々の授業をどのように行うのかを真摯に問うことに始まる一歩の中に、確かに、存在するはずである。

参考文献

稲垣忠彦、佐藤学『授業研究入門』岩波書店、一九九六年
秋田喜代美『子どもをはぐくむ授業づくり』岩波書店、二〇〇〇年
秋田喜代美、キャサリン・ルイス編『授業の研究　教師の学習　レッスンスタディへのいざない』明石書店、二〇〇八年
秋田喜代美編『教師の言葉とコミュニケーション』教育開発研究所、二〇一〇年
石井順治『「学び合う学び」が生まれるとき』世織書房、二〇〇四年
石井順治『「学び合う学び」が深まるとき』世織書房、二〇一二年

創刊の辞

この叢書は、これまでに放送大学の授業で用いられた印刷教材つまりテキストの一部を、再録する形で作成されたものである。一旦作成されたテキストは、これを用いて同時に放映されるテレビ、ラジオ（一部インターネット）の放送教材が一般に四年間で閉講される関係で、やはり四年間でその使命を終える仕組みになっている。使命を終えたテキストは、それ以後世の中に登場することはない。これでは、あまりにもったいないという声が、近年、大学の内外で起こってきた。というのも放送大学のテキストは、関係する教員がその優れた研究業績を基に時間とエネルギーをかけ、文字通り精魂をこめ執筆したものだからである。これらのテキストの中には、世間で出版業界によって刊行されている新書、叢書の類と比較して遜色のない、否それを凌駕する内容のものが数多あると自負している。本叢書が豊かな文化的教養の書として、多数の読者に迎えられることを切望してやまない。

二〇〇九年二月

放送大学長　石　弘光

放送大学

学びたい人すべてに開かれた
遠隔教育の大学

〒261-8586 千葉市美浜区若葉2-11
Tel: 043-276-5111　Fax: 043-297-2781　www.ouj.ac.jp

秋田 喜代美（あきた・きよみ）
教育心理学、学校教育学、保育学。東京大学大学院教育研究科教授。博士（教育学）。
主な著書に『読書の発達過程』（風間書房）、『子どもをはぐくむ授業づくり』（岩波書店）、『読む心・書く心』（北大路書房）、『保育の心もち』（ひかりのくに）などがある。また『教育研究のメソドロジー』（編著、東京大学出版会）、『学校教育と学習の心理学』（岩波書店、共著）、『これからの質的研究法：15の事例にみる学校教育実践研究』（東京図書、共著）、『マルチステークホルダーによる保幼小連携接続』（風間書房、共著）などがある。翻訳書には『授業を変える』（北大路書房、共訳）『学習科学ハンドブック全３巻』（北大路書房、共監訳）などがある。

1957年　大阪府に生まれる。
80年　東京大学文学部社会学科卒業
銀行員、専業主婦を経て、東京大学教育学部学士入学
91年　東京大学大学院教育学研究科博士課程単位取得退学
92年　東京大学教育学部助手
93年　立教大学文学部専任講師、同助教授
99年　東京大学大学院教育学研究科助教授、教授
2021年　学習院大学文学部教授

シリーズ企画：放送大学

学びの心理学　授業をデザインする

2012年9月30日　第一刷発行
2021年4月10日　第四刷発行

著者　秋田喜代美

発行者　小柳学

発行所　左右社
〒151-0051 東京都渋谷区千駄ヶ谷3-55-12 ヴィラパルテノンB1
Tel: 03-5786-6030　Fax: 03-5786-6032
http://www.sayusha.com

装幀　松田行正＋山田和寛

印刷・製本　創栄図書印刷株式会社

Printed in Japan ISBN978-4-903500-85-0

教育の方法

佐藤学 〔十一刷〕 定価一五二四円+税

よい学校とは、問題のない学校ではない。問題を共有している学校である。さまざまな教育問題に対する教師の基本的なスタンスを伝えるロングセラー。

道徳教育の方法

林泰成 定価一七〇〇円+税

教科となることで道徳の授業はどう変わるのか。道徳教育の理論・実践・その周辺の三部構成で指導方法や評価方法を具体的に提示する。現職教員、教育実習生、保護者必読の一冊。

日本社会の変動と教育政策

新学力・子どもの貧困・働き方改革

小川正人 〔二刷〕 定価一八〇〇円+税

長期の経済的低迷、雇用の不安定化、格差の拡大。変わりゆく日本社会に求められている教育政策とは何か。現在の教育行政で問題とされていることと優先されていることを丁寧に読み解く。